마음이 하찮니

한 그루의 나무가 모여 푸른 숲을 이루듯이
청림의 책들은 삶을 풍요롭게 합니다.

마음이 하찮니

조민영 지음

스스로 방치한 마음을 돌아보고
자존감을 다시 채우는 시간

C
청림Life

Prologue

"괜찮니, 물어봐주지 못한 내 마음에게"

마음은 하찮지 않습니다. 마음은 대수롭지 않게 여기면서 외면하고, 무시하고, 없는 척하며 살 수 있는 대상이 아닙니다. 마음 안에는 나만의 고유한 힘이 깃들어 있습니다. 때로는 내가 가야 할 길을 보여주는 소중한 지표가 되기도 하지요. 내 안에 분명히 존재하나 형체가 없어 눈에 보이지 않는 그것이 바로 내 마음입니다. 하지만 당장 꺼내어 볼 수 없다고 해서 내 마음의 신호들을 덮어두거나 작은 상처라도 하찮게 여기고 방치하면 언젠간 마음의 역습을 당하게 됩니다. 바로 저처럼 말이지요.

잘살고 싶었습니다. 보란듯이 성공해서 부모님께 효도도 하고 싶었습니다. 내가 일하는 분야에서 잘한다고, 멋지다고 인정받고 싶었습니다. 그래서 열심히 노력했습니다. 결코 게으름 피우거나 대충 살지 않았습니다. 그런데 어느 순간 몸과 마음의 기력이 모

두 소진되어서, 방 안에 누워 천장만 바라보고 있는 처지가 되고
말았습니다.

목표를 향해 치열하게 앞으로 달려 나가도 모자랄 나이에 번
아웃 판정을 받고 아무 일도 할 수 없게 되어버렸을 때, 정말 억울
했고, 분했고, 원망스러웠고, 내 자신이 너무 한심했습니다. 무엇
보다도 제일 황망했던 것은 내가 어쩌다 이렇게 됐는지 그 이유를
정말 모른다는 것이었습니다. 그동안 제가 한 것이라곤 진짜 열심
히, 부지런히 산 것밖엔 없는데 말이지요.

처음엔 사람을 원망했습니다. 나를 힘들게 했던 사람들, 나를
사지로 몰아세웠던 사람들, 더 나아가 애초에 날 이렇게 만든 사람
들을 원망했습니다. 그러다가 내 삶 자체를 원망하기 시작했습니
다. 내가 뭘 그렇게 잘못했기에, 왜 나한테만 이러는 걸까. 하지만
답이 보이질 않았습니다. 삶은 그 자체로 불가해한 존재니까요. 결
국 할 수 있는 것은 단 하나, 나를 분석하는 일뿐이었습니다. 그때
부터 내 마음을 가만히 들여다보기 시작했습니다. 도대체 내가 왜
이렇게 됐는지 알아야 했습니다.

나조차도 몰랐던 내 마음을 들여다보는 수많은 과정을 거친
후에야 비로소 발등의 불만 끄면서 바쁘게 사느라 외면해왔던 상
처받은 내 마음이 보였습니다. 괜찮지 않으면서 괜찮다 말하고,
참고 또 참고, 내 마음이 가장 원하는 것을 제일 먼저 포기하며 살
아온 긴 여정이 느껴졌습니다.

우리는 대부분 자신의 마음에 관심을 기울이고 내면을 들여

다보는 것을 두려워합니다. 내가 노력해서 힘겹게 만들어낸 대외용 이미지가 사라지고, 자신이 통제할 수 없는 끔찍하고 나쁜 것과 마주하게 될까 봐 겁을 먹고 아예 눈을 감아버립니다. 원래 무엇이든 잘 모르면 더 무서운 법입니다. 하지만 내 마음을 바로 마주하고 용기내어 눈을 크게 뜨고 지켜보면 모든 것이 명확해지기 시작합니다.

　번아웃을 겪으며 집에 누워 있는 동안 불현듯 떠오르는 얼굴들이 있었습니다. 대학에서 시간 강사를 하던 시절, 여러 대학에서 가르쳤던 학생들의 얼굴이었습니다. 그들과 수업을 진행하면서 뮤지컬 이론과 역사를 가르치는 것이 제가 해야 할 도리이자, 역할, 의무라고 생각했습니다. 그래서 유독 지쳐 보이는 아이들의 피곤한 얼굴, 무슨 일이 있는 게 분명한 아이들의 축 처진 어깨, 깊은 시름에 잠겨 어딘가 먼 곳을 헤매는 눈빛을 보면서도 모른 척 외면하고 말았습니다. "무슨 일 있니?", "괜찮니?", 그 짧은 말 한마디 건네지 못했습니다. 내 마음조차 외면하고 있었기 때문에, 타인의 마음을 신경써줄 여유가 전혀 없었습니다. 뭔가 해야 한다고 분명히 느꼈지만 애써 외면했던 일들은 그렇게 오래도록 무거운 후회가 되어 마음에 남아 있었던 것입니다.

　그때 결심했습니다. 만약 내가 번아웃을 떨치고 일어나 다시 새 삶을 살 수 있게 된다면, 아이들이 자신의 마음을 들여다볼 수 있도록, 진짜 제대로 된 보충 수업을 해주겠다고 말이지요. 천만다행으로 그때의 결심은 독서 치유 지도사, 치유 글쓰기 강사로

제2의 인생을 시작하게 되면서 현실이 되었습니다.

2018년 8월 17일. 저의 옛 제자들을 대상으로 드디어 '마음 보충 수업'을 시작했습니다. SNS를 통해 모집 공고를 내고, 댓글로 신청한 옛 제자들을 매주 한두 명씩 만나기 시작했습니다. 2019년 11월 15일까지 총 64명의 제자들(옛 제자, 현 제자, 그 외의 다양한 인연들)과 만났습니다. 그 과정에서 저는 깜짝 놀랄 만한 사실을 깨달았습니다. 그들 모두 사연과 처한 상황은 달랐지만, 그 문제를 일으킨 마음의 패턴만큼은 너무나 비슷했으니까요. 그것은 저를 번아웃으로 내몰았던 제 마음의 패턴과도 소름 끼칠 만큼 닮아 있었습니다. 이거 아니면 저거라는 식으로 매사에 극단적으로 생각하는 습관인 '이분법적 사고', 다른 사람도 다 자기 같을 줄 알고 말도 안 되는 것을 기대했다가 혼자 실망하기를 반복하는 '헛된 기대와 욕망', 세상을 모두 내 뜻대로 통제하고 싶어 하는 어리석은 '통제 욕구와 완벽주의', 그리고 사실이 아닌데도 불구하고 잘 몰라서 더 무섭기만 한 '사람 잡는 두려움', 마지막으로 이러한 모든 것이 뒤섞여 마치 끝판왕 같은 느낌을 주는 '착한 사람 콤플렉스'까지, 어쩌면 그렇게도 제가 겪은 것들과 비슷한지 신기했습니다.

이 책에 쓴 내용들은 모두 제 마음을 하찮게 여기면서 겪어야 했던 수많은 시행착오들의 적나라한 기록입니다. 지금 돌이켜보면 과거의 나 자신이 부끄럽기보다 참 무지하고 어리석었다는 안타까움이 먼저 듭니다. 당시의 실수들을 반복하다 또다시 번아웃을 겪지 않기 위해 내 마음속에서 일어났던 일들을 집중적으로 관찰했고, 최대한 자세히 묘사하려고 애썼습니다.

물론 지금도 예전의 어리석었던 마음의 패턴들이 몸에 그대로 새겨져 있습니다. 그래서 마음을 의식하지 않고 그냥 멍 하니 살다 보면, 저절로 또 예전 습관대로 생각과 감정과 행동이 움직이고 맙니다. 하지만 이젠 스스로를 잘 알기 때문에 그 습관에서 벗어나려고 의식적으로 노력하며 살고 있습니다. 마음을 소중히 여기는 새로운 습관을 들이기 위해선, 수많은 반복 연습이 필수거든요.

번아웃은 결과적으로 제 삶을 송두리째 바꿔준 소중한 기회였고 선물이었습니다. 하지만 조금만 운이 나빴다면 지금의 저는 없을지도 모르는 위험한 일이기도 했습니다. 누구라도 미리 알고 예방할 수만 있다면, 그것이야말로 최고의 선물이 될 거라는 마음으로 이 책을 썼습니다. 여러분이 매 순간 자신의 마음을 하찮게 여기고 살면, 여러분의 생명 에너지가 속절없이 고갈되고 소진되고 맙니다. 하지만 소진되지 않고 충만해지는 삶, 고갈되지 않고 더욱더 채워지는 삶이 실제로 존재합니다. 그 모든 것의 열쇠가 지금 여기, 여러분의 소중한 마음속에 들어 있습니다.

2019년 12월 겨울의 문턱에서
조민영

Contents

<u>Chapter 1</u> 나의 번아웃 생존기

Chapter 2 극단적인 이분법적 사고

Chapter 3 나를 무너뜨리는 헛된 기대와 욕망

Chapter
1

나의
번아웃
생존기

몸의 에너지가
모두 고갈되다

완전히 번아웃이 되었을 때, 내 나이는 서른여덟이었다.

나는 뮤지컬 대본 작가 겸 작사가였고, 연극학과 박사 과정에 재학 중인 대학원생이었으며, 대학교 시간 강사였다. 뮤지컬 대본을 쓰면서 계속되는 공연 준비 회의에 참여해야 했고, 책 읽고 리포트 쓰며 대학원 수업도 들어야 했고, 한 학기에 여러 과목의 강의도 해야 했다. 한마디로 눈코 뜰 새 없이 바쁜 나날이었다. 자리에 정식으로 앉아 밥 먹을 여유도 없어서 패스트푸드점에서 발을 동동 구르면서 기다리다가, 주문한 햄버거가 나오면 길에서 바로 포장을 벗기고 먹으면서 다음 장소로 이동하곤 했다. 육체적으로 힘들고 정신적으로 버거운 나날이었지만 나는 그렇게 바쁘게 사는 내가 멋지다고 생각했다. 그래서 어쩌다 친구들을 만나면 내가 얼마나 바쁜지 은근히 자랑처럼 늘어놓곤 했다. 이토록 열심히 살다 보면 언젠가는 반드시 잘될 거라고, 꼭 성공할 거라고 믿어 의심치 않았다.

2012년 2학기. 처음으로 한 학기에 다섯 군데 대학에서 총 일곱 과목의 강의를 맡게 되었다. 대학교 시간 강사 생활을 8년 동안 하면서도 강사료를 다 합쳐서 월 300만 원에 가까운 금액을 받아본 건 그때가 처음이었다. 그래서 나는 의심 없이 그때가 내 인생의 절정기, 가장 잘나가고 있는 때라고 생각했다. 수업이 많다는 건 나를 찾는 사람이 많다는 뜻이고, 또 내가 잘하고 있다는 증거이니, 기분이 좋을 수밖에 없었다. 하지만 실상은 달랐다. 나는 학기가 시작되자마자 심한 감기에 걸려서 꼬박 3주 동안 앓았고, 매주 일곱 개의 수업을 마치는 금요일이 되면 파김치가 되기 일쑤였다. 면역력은 바닥을 쳤고, 그저 어떻게든 또 한 주를 버티며 해냈다는 안도감만이 전부였다.

그렇게 또 한 주를 겨우 마치고 난 10월의 어느 금요일, 유독 배가 많이 아팠다. 다행히 주말이어서 학교 수업에 지장은 없었지만, 아무래도 맹장 쪽에 통증이 있는 것 같은 느낌이 들어서 월요일 수업을 마치자마자 동네 병원을 찾아갔다. 의사는 촉진을 해보더니 맹장염인 것 같다며 얼른 큰 병원으로 가보라고 했다. 그길로 대장 전문 병원에 가서 초음파 검사로 맹장염(충수염) 확진 판정을 받았다. 제일 먼저 각 학교에 일일이 전화를 걸어서 일주일 치 수업을 모두 휴강시키고, 수술을 받기 위해 입원을 했다. 수술 전 기본 검사에서 백혈구 수치가 너무 낮게 나오는 바람에, 수술이 다음 날로 미뤄졌지만 그냥 그런가 보다 했었다.

　다음 날 아침, 푹 자고 나면 괜찮을 줄 알았는데, 다시 검사해 보니 백혈구 수치가 어제보다 더 떨어진 걸로 나왔다. 그 정도 수치면 혈액에 문제가 있는 거라면서, 종합병원의 응급실로 급하게 옮겨졌다. 혈액내과 의사들이 서혜부에서 왕주사기 다섯 대 분량의 엄청난 혈액을 뽑아가는 걸 보고서야, 내 상태가 뭔가 심상치 않다는 걸 알았다. CT 촬영 결과 충수염은 오진인 걸로 밝혀졌지만, 갑자기 백혈병, 혈액암 같은 무시무시한 병명들이 오가는 상황에 정신을 차릴 수가 없었다. '도대체 나한테 왜 이런 일이 생긴 거지?' 공포와 두려움에 휩싸인 채 응급실에 누워 흰 벽을 올려다보며, 나는 처음으로 육체와 정신을 지나치게 혹사시키며 살아온 지난 세월들을 후회하기 시작했다.

　그다음 날에는 골수검사까지 받았다. 골수를 채취하기 위해 골반뼈 속으로 바늘을 집어넣는다는데, 나는 엎드려 있어서 뭘 어떻게 하는지 알 수가 없었다. 다만 멀쩡한 골반뼈를 강제로 때려 부수는 것 같은 엄청난 압력과 통증에 트라우마가 생길 정도였다. 골수검사 후 지혈을 위해 모래주머니를 허리 아래에 받친 상태로 네 시간 동안 꼼짝 못하고 누워 있는 동안, 내 앞날에 대한 최악의 시나리오를 상상해보았다. 만약에 내일 의사가 검사 결과를 들고 와서 "혈액암입니다." 또는 "백혈병입니다."라고 한다면? 지금까지 내가 힘겹게 쌓아온 모든 것들이 한순간에 무너질 거라는 생각에 눈앞이 아찔해졌다. 제발, 제발, 제발…. 그날 밤은 내 인생에서 가장 길고 어두운 밤이었다.

다음 날 아침, 담당 의사가 회진을 하러 내려와서 검사 결과를 알려주었다. 혈액 내의 다양한 세포를 만들어내는 조혈 모세포의 기능이 선천적으로 다른 사람들보다 좀 약하긴 하지만, 그리 큰 병은 아니라는 결과였다. 하지만 남들보다 약한 만큼 무리하지 않도록 더 조심해야 한다고 했다. 세상에 그보다 반갑고 기쁜 소식이 또 있을까! 학생들한테 다시 돌아갈 수 있다는 사실에, 내 일을 계속 해나갈 수 있다는 것에 너무 감사하고 또 감사했다. 동시에 다시는 건강을 잃지 않도록 조심해야겠다고, 절대로 무리하지 않겠다고 몇 번이고 다짐했다.

그 다짐은 일상으로 돌아오자마자 밀린 수업들을 보강하는 와중에 신속하게 사라졌다. 그저 피가 모자라면 안 된다는 막연한 생각에 소고기를 계속 섭취하고, 주로 빨간색 음식들만 먹으려고 신경 쓰는 게 고작이었다. 그렇게 우여곡절 끝에 내 인생에서 가장 힘들었던 학기를 무사히 마치고, 다음 학기 강의를 선택해야 하는 순간이 왔다. 지난번 응급실 사태는 몸에서 아주 강력한 경고 신호를 준 것이었기 때문에 건강을 위해서는 적어도 다음 학기에는 일을 확 줄여야 했다. 하지만 두려웠다. 시간 강사 자리는 내가 안 하면 바로 다른 누군가에게 넘어간다. 나중에 내가 하겠다고 해서 다시 나에게 돌아올 수 있는 게 아니었다. 난 그 자리를 잃을까 봐 두려웠고, 또 이 전성기를 계속 유지하고 싶은 욕망 때문에 결국 2013년 1학기에도 다섯 과목을 맡기로 최종 결정했다.

　처음엔 괜찮은 것 같았다. 잘 버틸 수 있을 것 같았다. 그런데 학기말이 다가오면서 점점 이상 증세가 나타나기 시작했다. 목 뒤에서부터 머리끝까지 체온계에도 잡히지 않는 정체불명의 열이 펄펄 끓어오르면서, 눈이 흐릿해지고, 머리가 묵직하게 아프고, 비행기를 탄 것처럼 귀도 먹먹해졌다. 금방이라도 쓰러질 것 같은 피로감에 손발은 벌벌 떨리고, 급기야는 너무 어지러워서 고개를 돌릴 수도 끄덕일 수도 없는 상태가 되었다. 종강까지 몇 안 남은 강의를 끝까지 해내기 위해 필사적으로 버텼고, 결국 종강과 동시에 무너지고 말았다. 병원에서 내린 공식적인 병명은 '저콜레스테롤 혈증'. 남들은 콜레스테롤이 너무 많아서 문제라는데, 나는 너무 없어서 문제였다. 특히 에너지가 부족할 경우 에너지원으로 사용되는 중성지방 수치가 매우 낮았다. 쉽게 말하자면 내가 먹어서 섭취한 에너지보다 훨씬 더 많은 에너지를 쓰는 바람에, 비상 보관용이었던 에너지까지 다 써버렸다는 말이었다. '번아웃'이었다. 나는 스스로의 한계를 모르고 질주하다가 서른여덟의 나이에 장렬히 산화하였고, 그날로 내 인생은 모두 멈추었다.

　아무것도 할 수 없었다. 눈만 뜨면 어지러워서 도로 눈을 감아야 하는 상황이었다. 병원 진료를 가야 하는 날이면 엄마 부축을 받아서 지하철을 탔는데, 수많은 사람들의 엄청난 기운을 감당하지 못해서 가슴이 답답해졌다. 겨우 문 옆에 있는 봉을 잡고 쪼그려 앉은 채 병원까지 갔다. 잘 먹고 잘 쉬는 방법밖엔 없다고 하니, 기운을 보충해준다는 한약을 6개월 동안 들이부으면서 체력부터

되살리기 위해 애썼다. 또 몸 안의 독소를 빼내기 위해 14일 동안 해독 단식도 했다. 그러나 원래부터 갖고 있었던 고질병인 원인을 알 수 없는 허리와 골반 통증, 밑이 빠질 것 같은 통증이 오히려 더 심해지면서, 한 달에 20일 넘게 지독한 통증에 시달리게 되었다. 통증이 한번 시작되면 얼마나 오래, 얼마나 세게, 얼마나 자주 아플지도 모른 채 지나가기만을 속수무책으로 기다려야 했다. 그러는 사이 다음 학기 강의는 모두 다른 사람에게 넘어갔고, 뮤지컬 작가 활동을 다시 할 수도 없고, 대학원 박사 과정도 결국 학위를 받지 못한 채 수료로 끝낼 수밖에 없었다. 내 인생은 그렇게 쉽게, 눈 깜짝할 사이에 전부 끝나 있었다.

천장을 보면서 가만히 누워 있노라면 입안에서 쓴물이 나오는 기분이었다. '내 인생은 실패'라는 생각이 머릿속에서 빙빙 맴돌았다. 내가 속한 분야에서 보란 듯이 두각을 나타내고 싶었던 나의 목표는 아무것도 이루지 못한 채, 처절하게 고생만 하다가 허무하게 끝나버렸다. 돈도 못 벌었고, 유명해지지도 못했고, 눈에 보이는 업적을 이루지도 못했다. 나는 무엇을 위해 그렇게 열심히 달렸나? 마흔도 되지 않은 나이에 이렇게 쓰러져버릴 것을, 어쩌자고 그렇게 무리해서 뛰었나? 왜 나는 내 몸을, 건강을 소중히 여기지 않았나? 후회해봤자 이미 소용없는 일이었다. 내 인생은 망했다. 난 실패했다. 다 끝났다.

마음의 에너지를
다시 끌어올리기

    육체의 번아웃 상태를 회복시키는 일보다 마음의 번아웃 상태를 해결하는 것이 더 어려웠다. 육체의 건강은 잘 쉬고, 잘 먹고, 몸에 좋다는 약을 다량으로 복용하면서 1년 만에 빠르게 회복되어갔지만, 문제는 마음이었다. 사람에 대한 환멸, 뮤지컬 작가로서 나의 역량에 대한 실망, 내 손으로 망쳐버린 삶에 대한 열패감으로 나의 마음은 지칠 대로 지쳐 있었고 목표를 상실했다. 그보다 더 큰 문제는 자신감을 완전히 잃어버린 것이었다. 다시 살아나야 하는데 뭘 어떻게 해야 할지 알 수가 없었다. 내가 어떤 사람인지, 뭘 할 수 있는지, 어떻게 해야 다시 쓰러지지 않을지도 알 수가 없었다. 분명히 뭔가 잘못된 게 있으니까 이런 쓰라린 결과가 나온 것일 텐데, 난 그저 죽어라 열심히 한 죄밖엔 없는지라, 어디서부터 뭐가 어떻게 잘못된 건지 도무지 알 수가 없었다.

그래서 과거를 하나하나 돌아보면서 따져보기 시작했다. '내가 어쩌다 이렇게 됐지? 뮤지컬 작가? 그건 애초에 왜 선택하게 된 거지? 대학원은 뭐 하러 간 거지? 강사 생활을 하면서 왜 그렇게 힘들었지? 단순히 체력 탓이었나, 아니면 뭔가 다른 이유가 있었던 건가?' 한 번도 생각해보지 않았고 생각할 필요도 없었던 질문들이 꼬리에 꼬리를 물고 일어났다. 이 모든 질문에 대한 내 나름의 답도 없이 그동안 무조건 전진만 하며 살아왔다는 게 신기할 정도였다.

번아웃 판정을 받고 난 지 1년 후, 몸의 기력을 완전히 회복한 나는 마음의 기력을 회복하기 위한 첫 단계로 열흘간의 부탄 여행을 선택했다. '부탄'이라는 나라를 선택한 이유는 간단했다. 그곳이 지구상에서 제일 행복한 나라라고 하기에 그곳에 가면 행복이 뭔지 알 수 있을까 해서, 혹시라도 나의 행복을 다시 찾을 수 있을까 해서였다. 내가 부탄에 가서 깨달은 건 아주 단순했다. 세상 어디든 문제없는 이상적인 곳은 없다는 것, 그리고 사람들과 함께 걷고, 함께 먹고, 함께 웃고, 함께 이야기하는 것에 원초적인 기쁨이 있다는 것. 그 깨달음은 삶에서 사람들에게 배신당하고, 이용당하고, 협박당하고, 무시당하면서 생긴 사람에 대한 환멸을 치료해주기에 아주 적절한 것이었다. 더 이상 아무에게도 상처받지 않기 위해 모든 걸 단절하고, 어떻게든 혼자서 할 수 있는 뭔가를 궁리하던 나에게 인간은 그럴 수 없다는 걸, 함께할 때에만 누릴 수 있는 기쁨이 있다는 걸 다시금 일깨워주었다. 부탄의 깨끗한 대자연이 선사한 자연 치유의 힘은 말할 것도 없고.

　부탄 여행을 통해 딱딱하게 굳어 있던 마음이 조금 말랑해지긴 했으나, 여전히 내가 뭘 할 수 있을지는 알 수가 없었다. 내가 나름 잘한다고 생각했던 분야였던 작가와 가르치는 일에서조차 실패를 겪고 나니, 이 나이에 뭘 새롭게 시작해서 또 한 번 미숙한 상태로 돌아간다는 것이 겁났다. 망설임 속에 마냥 미적거리고 있던 어느 날, 시청에 있는 서울도서관에 책을 빌리러 갔다가 우연히 '서울자유시민대학'이라는 것을 발견하게 되었다. 그중에서도 시인이자 경희대 교수인 이문재 선생님이 가르치는 '나를 위한 글쓰기'라는 수업이 내 눈길을 끌었다. 작가로서 그 고생을 했으면서도 제 버릇 개 못 준다고 또 글쓰기에 꽂히고 마는 내 자신이 민망해서 속으로 웃었다. 전혀 모르는 다른 수업에 들어가서 완전 초보자로 보이는 건 죽어도 싫었던 모양이다.

　'나를 위한 글쓰기' 수업에선 매주 '잊을 수 없는 것들'을 주제로 글을 썼다. 잊을 수 없는 내 생애 가장 좋았던 순간, 잊을 수 없는 음식, 잊을 수 없는 장소…. 수강생들이 대부분 전문 작가가 아닌 평범한 사람들이니 그래도 이 중에선 내가 제일 잘 쓰지 않을까 했던 생각은 첫 시간부터 무참히 깨지기 시작했다. 자신들의 삶의 이야기를 담담하게 펼쳐내는 그 진솔함에, 그분들 삶의 깊이와 무게감에 나는 말 그대로 '깨갱' 하고 말았다. 일반인들과 경쟁해서라도, 작가로서의 내 자존심과 우월감을 지키려고 했던 나의 알량하고 비겁한 마음이 부끄러웠다. 그래서 도드라지게 잘 쓰기 위해 애쓰는 대신, 나도 그분들처럼 솔직하게 나의 삶을 들여다보는 작업을 시작했다.

특히 첫 번째 주제였던 '잊을 수 없는 내 생애 가장 좋았던 순간'에 대해 썼던 글이 기억에 남는다. 나는 중학교 때까지 줄곧 반 1등으로만 살다가 외고에 진학하면서 삽시간에 반 꼴찌 수준으로 떨어졌었다. 성적이 떨어졌다는 사실보다 아무도 나를 알아주지 않는다는 것이 더 괴로웠다. 그래서 다른 애들이 안 하는 걸 해서라도 어떻게든 튀어야겠다고 생각했다. 고민 끝에 모든 선생님들의 생일을 조사해서 매번 우리 반에서 제일 먼저 생일 파티를 해드리는 이벤트 담당자가 되었다.

그러던 어느 날, 그날이 교감 선생님의 생신이라는 수학 선생님의 결정적인 제보(?)를 받고, 이거야말로 나의 존재감을 일거에 반등시킬 수 있는 기회라는 촉이 왔다. 나는 각 반을 돌아다니면서 반장들을 불러냈고, 학급비로 교감 선생님 생일 파티 비용을 갹출했다. 또 각 반장마다 선생님들을 몇 분씩 배정해주어 저녁 6시까지 비밀리에 식당으로 모이도록 지시했고, 자기 반 학생들도 그때 다 데리고 내려오라고 했다. 그러고서 나는 아이들이 자율학습을 하는 동안, 모은 돈을 다 들고 외출증을 끊어서 밖으로 나갔다. 케이크, 꽃, 각종 파티 용품을 사들고 돌아와서 혼자서 식당을 멋지게 장식했다. 저녁 6시가 되자 전교생과 모든 선생님들이 식당으로 내려왔다. 마지막으로 내가 교감실에 가서 영문도 모르는 교감 선생님을 거의 업다시피 해서 모시고 왔다. 그렇게 전교생이 모인 교감 선생님 생신 파티가 성공리에 열렸다. 그것은 철저하게 나의 1인 기획물이었지만, 유감스럽게도 그 사실을 아는 사람은 아무도 없었다. 그 일을 계기로 전교에서 나의 존재감을 드높이려던 야심찬 계획은 처절하게 실패하고 말았다.

　오랜만에 옛 기억을 되짚으면서, 나는 내가 원래 어떤 사람이었는지를 상기하게 되었다. 반 꼴찌 주제에 무슨 깡으로 이름도 모르는 각 반 반장들에게 지시를 내렸는지도 모르겠고, 어째서 혼자서 그 일을 해낼 수 있다고 믿었는지도 모르겠다. 일을 크게 벌이는 것에 대한 두려움도 없었고, 오직 최상의 그림만을 생각했던 것 같다. 삽시간에 모든 계획들을 착착 진행시켰다는 것도 놀라웠다. 그렇다. 나는 목표가 생기면 앞뒤 보지 않고 불도저처럼 밀어붙여 실행에 옮기는 사람이었다. 그런데 '그랬던 나는 지금 어디에 있는 거지? 어디로 사라져버린 거지?' 그 순간 고 1때의 추진력 넘치는 내가 여전히 내 안에 살아 있다는 사실을 깨달았다. 어디로 사라진 게 아니라, 그저 잊고 있었을 뿐이라는 걸. 나는 지금도 목표만 세우면 뭐든지 해낼 수 있는 사람이었다. 용감하고, 뻔뻔하고, 거칠 것이 없는 사람, 그게 바로 나였다. 내가 뭐든 할 수 있는 사람이라는 걸 확신하게 되자 나의 자존감이 바닥부터 다시 차오르기 시작했다.

나를
돌아보기

10주간의 '나를 위한 글쓰기' 수업을 통해 내가 마음만 먹으면 뭐든 할 수 있는 사람이라는 건 알았지만, 뭘 해야 할지는 여전히 미지수였다. 아무래도 새로운 걸 시작하려면 뭐든 배우는 것부터 다시 해야 할 것 같아서 각종 자격증 과정들을 살피던 중에, '독서 치유 지도사 양성 과정'을 알게 되었다. 원래부터 책을 좋아했던 데다, 나란 인간에 대한 궁금증으로 심리학과 치유에 대한 관심도 생기고 있던 차였기에 배워두면 어떻게든 도움이 되지 않을까 하는 막연한 기대를 갖고 등록했다.

매주 다양한 심리학 이론을 공부하면서, 그 이론에 나를 비춰 보는 과정을 밟기 시작했다. 그 결과 내가 진짜 문제 많은 인간이라는 뼈아픈 각성이 찾아왔다. 나는 내가 정말 착한 사람, 법 없이도 살 수 있는 올바른 사람이라고 믿고 있었고, 힘들었던 과거에

대해서도 다 용서하고, 이해하고, 그래서 괜찮아졌다고 생각하고
있었는데 전혀 아니었다. 난 꽈배기처럼 배배 꼬여 있었고, 전혀
합리적이지 않은 이상한 논리로 판단을 했으며, 심지어 가슴속에
는 풀어내지 못한 분노와 원망이 가득하다는 걸 알게 되었다. 때
마침 나의 분노가 폭발되는 사건이 일어나면서, 나의 상태가 정말
로 괜찮지 않다는 걸 확실하게 인지하게 되었다. 그길로 나에게
독서 치유를 가르쳐주시는 치유 심리학자 김영아 교수님에게 달
려가 상담을 받을 수 있는 방법이 무엇인지 알려주십사 청했다.
마침 교수님이 직접 개인 상담을 해주기로 해서 반년 넘게 상담을
받게 되었다.

　　1:1 상담을 받는 내내 나는 수없이 저항했고, 걸핏하면 통곡을
했다. 옳다고 믿어 의심치 않았던 내 생각들이 무너져 내리는 멘
탈 붕괴도 경험했다. 나는 모든 것을 오로지 내 입장에서만 해석
했다. 무조건 그것이 맞다고 생각했던 나는 그렇지 않을 수도 있
다는 가능성을 알게 되는 것만으로도 큰 충격이었다. 내 안에 꼭
꼭 감춰두었던 오만 가지 부정적인 감정들을 상담 테이블 위에 올
려놓고 교수님과 함께 지켜보는 것도 결코 쉽지 않았다. 나의 어
리석음을 인정하는 게 죽기보다 싫었고, 유치하기 짝이 없는 내
감정들이 너무 창피했다. 특히 내가 착한 사람이 아니라 지독하게
오만한 사람이라는 사실이 너무 가슴 아팠다. 하지만 울고 털어
내고, 또 울고 벗어나는 작업이 계속될수록 그만큼 자유로워졌고,
가벼워졌다. 시야가 넓어지면서 덩달아 마음도 같이 넓어지자, 짜

증과 화가 덜 나기 시작했다. 나라는 사람의 부끄러운 실체를 알게 될수록 이상하게도 부족한 나 자신이 더 좋아졌다. 상담 전에는 완벽하지 않은 내 모습이 참 싫었는데, 상담 후에는 바보 같은데도 귀엽게 느껴졌다. 몸과 마음이 연약하고 부실함에도 불구하고 수많은 힘든 상황들을 잘 견뎌준 것이 대견했고, 그 이상한 생각들을 가지고도 용케 많은 것을 이뤄내며 살아온 것이 신기하고 고마웠다. 상담을 통해 나를 사랑한다는 것은 자신의 부족한 모습까지 온전히 수용할 때만 가능하다는 것을 배우게 되었다.

하지만 그렇다고 해서 언제까지나 상담에만 의존할 순 없었다. 상담을 마쳤다고 해서 내가 완벽하게 다 치유된 것도 아니요, 새로운 문제들은 계속해서 다시 생겨났다. 이젠 나 스스로 나를 다스릴 수 있어야 했다. 나의 생각과 감정들에 휘둘리지 말고, 그것들을 차분히 들여다볼 수 있어야 했다. 그 방법으로 명상을 접하게 되었다. 때로는 호흡에만 집중하는 명상을, 때로는 내 문제 하나만 골똘히 파고드는 명상을, 또 다른 때에는 명상하는 동안 경전의 구절을 들으며 그것에 대해 묵상하는 식으로 다양하게 시도해보았다.

명상을 하는 동안의 '생각'들은 거의 1~2초에 한 번씩 휙휙 지나가는 찰나의 생각들일 뿐, 무엇 하나 깊이 있게 생각하는 게 아니라는 것을 알게 되었다. 명상을 하면서 가만히 내 생각이 지나가는 걸 보고 있노라면 대부분 이런 식이었다. '자, 이제 호흡에 집중을 해볼까? 하나, 둘… 그런데 벌써 다리가 저리네? 왜 나는 명상도 제대로 못 하는 걸까? 아, 맞다. 그러고 보니 친구한테 메일 보내기로 한 거 아직 안 했네. 빨리 보내야 하는데. 오늘 저녁 메뉴는 뭘까? 아 참, 나 명상 중이었지. 역시 난 이래서 안 돼. 그런데 허리도 아프다. 헬스를 좀 해볼까? 그보다는 요가가 더 나으려나…' 그때 알게 된 것이 있다. 그동안 내가 하는 생각이 곧 나라고 알고 있었는데, 명상을 해보니 내 생각을 지켜볼 수 있는 또 다른 내가 있었다.

감정도 마찬가지였다. 분노나 슬픔 같은 감정들도 명상을 통해 지켜볼 수 있었다. 그런 감정들 자체가 나라고 생각하지 않게 되니, 그 감정들과 나를 분리시켜서 명확하게 판단하는 것이 가능해졌다. 분노에 사로잡혀 분통을 토해내는 나는 내가 아니었다. 슬픔에 잠겨 한없이 가라앉고 있는 나도 내가 아니었다. 파란 하늘 위로 때로는 흰 구름이, 때로는 먹구름이 지나가는 것처럼 감정들은 그저 나를 때때로 통과해서 지나가는 그 무엇일 뿐이었다. 즉, 감정은 일시적으로 지나가는 구름일 뿐 '원래의 나'인 하늘은 될 수 없는 것이다. 그걸 알게 되니까 일시적으로 부정적인 감정들이 올라올 때, 그 감정들에 사로잡히지 않고 지나가길 기다릴 수 있게 되었다. 조금만 가만히 참고 있으면 원래의 내 상태로 돌아온다는 걸 아니까 말이다.

이런 식의 연습이 되기 전까지 나는 걸핏하면 분노에 사로잡히고, 짜증이 나서 미칠 것 같고, 미움이 생기면 그걸 일부러 계속 곱씹었다. 각종 감정에 사로잡혀서 이상한 짓을 잔뜩 하다가 뒤늦게 정신이 돌아오면 '내가 왜 그랬을까…' 하고 땅을 치며 후회하기를 반복했다. 하지만 어느 순간부터는 감정을 발산하는 중간에 '아, 지금 내가 화를 내고 있구나!', '내가 지금 짜증을 계속 증폭시키고 있구나!' 하는 것을 느낄 수 있었다. 조금 더 연습이 되면서부터는 '어! 화가 올라오려고 한다', '와! 짜증이 나려고 한다'까지 감지할 수 있었다.

이런 알아차림이 중요한 이유는, 그래야만 내가 나를 조절할 수 있기 때문이다. 감정에 사로잡혀서 휘둘리면 나는 그저 감정의 노예일 뿐이다. 나에겐 그것을 컨트롤할 수 있는 힘이 없다. 하지만 내 감정을 알아차릴 수 있게 되면, 나의 필요에 따라 그 감정을 더 밀어붙일 것인지, 아니면 자제할 것인지를 내가 선택할 수 있게 된다. 내 생각과 감정에 대한 통제권을 내가 갖는 것, 이걸 다시 획득하게 된 것이 여러 명상을 하면서 얻게 된 최고의 수확이었다.

나의
마음 보충 수업

2년에 걸쳐 독서 치유 지도사 양성 과정을 모두 마친 후, 집단 상담과 강사반, 슈퍼비전, 동행 치유 과정을 쭉 거쳐서 드디어 독서 치유 관련 강의와 수업을 할 수 있게 되었다. 하지만 배우는 것과 가르치는 것은 전혀 다른 문제였다. 그냥 그런가 보다 하고 막연하게 공부했던 심리 이론들이 현장에서 어떻게 다양한 형태로 발현되는지를 보고 나니, 그 중요성과 필요성이 더욱 크게 실감되기 시작했다. 그래서 남을 가르치기 시작하면서부터 수업을 들을 때보다 더 많은 공부를 스스로 찾아서 하기 시작했다. 진짜 공부가 시작된 것이다.

독서 치유는 상담자와 내담자가 직접 대화하는 1:1 상담과 달리, 자신의 내면을 비춰볼 수 있도록 중간에 어떤 매개체를 두는 방법이다. 매개체로는 책, 영화, 시, 드라마, 노래 가사, 그림, 사진

등 다양한 것들을 활용할 수 있다. 나는 그중에서도 특히 그림책을 사용하는 것에 매력을 느꼈다. 일단 분량이 짧기 때문에 빠른 시간 안에 읽을 수 있고, 내용이 명확해서 공감을 얻어내기도 쉽다. 또한 주제가 다양해서 남녀노소 누구에게나 적용할 수 있는데다가, 분량에 비해 감동의 깊이가 어마어마해서 여러모로 훌륭한 도구였다.

그래서 독서 치유에 활용할 좋은 그림책들을 찾아내기 위해 도서관들을 전전하며 본격적으로 그림책을 읽기 시작했다. 좋은 그림책을 발견하게 되면 작은 수첩에 그림책의 제목과 글 작가, 그림 작가, 출판사 이름을 적고 그 옆에 간단한 내용 요약을 남긴 후에 어떨 때 사용하면 좋을지 표시해두었다.

그러던 중 몇몇 그림책들과 나 사이에서 큰 교감이 일어나는 걸 느끼게 되었다. 나도 모르게 그림책에 나를 비춰보는 자가 치유의 과정이 일어나고 있었던 것이다. 그 소중한 느낌과 생각들이 그냥 사라져버리는 것이 아까워서 블로그와 브런치에 '그림책에 나를 비춰보다'라는 제목으로 연재 글을 올리기 시작했다. 그러면서 나 자신에 대해 더 많은 것을 깨닫게 되었다.

번아웃 이후 지금까지의 내 인생을 돌아보면, 글쓰기에 나를 비춰보고, 심리학에 나를 비춰보고, 상담을 통해 상담자에 나를 비춰보고, 그림책에 나를 비춰보는 작업의 연속이었던 것 같다. 그렇게 다양한 대상에 비춰보면서 나를 알아가는 재미가 있었다. 나는 마치 까도 까도 껍질이 계속 나오는 마법의 양파(?) 같아서, 매번

몰랐던 내 모습을 새로 발견하곤 했다. 나를 알아가는 것만큼 재미
있는 일이 또 있을까?

하지만 그 어떤 매개체들보다도 가장 효과적이면서 무한대로
나를 비춰볼 수 있는 대상은 바로 '타인'이었다. 타인은 '살아 있는
거울'처럼 언제나 내 모습을 적나라하게 비춰주곤 했다. 그런 의
미에서 나에게 가장 큰 배움을 선사한 대상은 바로 나의 수업을
듣는 수강생들이었다.

2017년 12월 말 '내 마음의 빛을 살리는 그림책', 줄여서 '내맘
빛' 수업을 시작했다. 그림책에 나를 비춰보는 작업을 여러 수강
생들과 함께 하기 위해 마련한 수업이었다. 한 권의 그림책을 함
께 읽고 나서 열 명이 그에 대한 각자의 감상을 나누면, 서로 다른
열 개의 반응이 나왔다. 사람들이 서로 다르다는 걸 머리로는 알
고 있지만 수업을 할 때마다 더 생생하게 느낄 수 있었다. 그 다양
한 반응들을 통해 우리가 서로 얼마나 다른지도 알 수 있었다. 같
은 세상 속에 살고 있는 것 같지만 사실은 각자만의 세상 속에 살
고 있는 것이다.

그리고 드디어 2018년 8월부터 내 수업을 들었던 제자들을 대
상으로 '마음 보충 수업'을 시작하게 되었다. SNS에 '마음 보충 수
업' 첫 공지를 올리던 날, '과연 제자들 중에서 지금까지도 나를 기
억하고 찾아와줄 사람이 있을까, 아무도 안 오면 어쩌지?' 하는 생
각에 엄청 떨리고 긴장이 되었다. 다행히 세 명이 곧바로 댓글로
신청을 해주었고, 그 이후로도 한두 명씩 지속적으로 신청을 해주

었다. 덕분에 '마음 보충 수업' 시즌 1과 2가 약 10개월 동안 계속될 수 있었다.

제자들과 길게는 10년, 짧게는 5~6년 만에 다시 만나게 되자 너무 반가운 나머지 한동안은 그간 살아온 이야기들을 쭉 들으면서 서로에 대한 정보를 업데이트 하는 시간을 가졌다. 그러다 보면 어느새 이야기는 현재 그들의 마음을 가장 힘들게 하는 것으로 자연스럽게 이어지곤 했다. 누군가는 가족 문제로, 또 누군가는 애인 문제로, 그 외에도 외모, 학교, 취업, 회사, 성격, 결혼, 신앙, 시댁, 자녀 문제 등으로 힘들어했다. 그중에는 삶이 무료하고 무의미한 것, 재능이 너무 많아서 뭘 해야 할지 모르는 것, 심지어 고민이 없는 게 고민인 사람도 있었다.

각자가 처한 상황과 사연은 달랐지만, 놀랍게도 그들의 이야기 속에서 매번 번아웃 이전의 내 모습을 발견할 수 있었다. 그때의 나와 똑같은 고민을 하고 있는 제자들과 머리를 맞대고, 나의 경험을 지금 그들의 문제에 어떻게 적용할 수 있을지에 대해 함께 고민했다. 어떻게 해야 내 마음을 더 잘 들여다볼 수 있는지, 어떻게 해야 이전과 다른 선택을 할 수 있는 용기를 낼 수 있는지, 어떻게 해야 나를 지키면서 남도 지킬 수 있는지에 대해 연구했다.

처음엔 내가 온몸으로 겪으면서 깨닫게 된 알짜배기 노하우를 최대한 전수해주려고 했고, 말 그대로 특별한 솔루션을 제공해야 할 것 같은 부담을 느낀 게 사실이다. 하지만 나의 제자들과 대화를 나누면서 느끼게 된 것은, 내가 그들의 문제를 해결해줄 수 있는 사람이 아니라는 것, 문제를 해결할 힘을 갖고 있는 건 그들이라는 사실이었다. 나의 역할은 그들에게 용기를 불어 넣어주고, 그들이 미처 보지 못한 부분들을 살짝 짚어주는 것에 불과했다. 자기만의 삶을 꿋꿋하게 살아내고 있는 내 제자들은 내가 도움을 줘야 할 대상이 전혀 아니었다. 그들은 모두 자기 삶의 영웅들이었고, 내가 존경할 수밖에 없는 삶의 스승들이었다. 오히려 그들의 다양한 문제를 통해서 지금의 내 모습을 더욱 깊이 들여다볼 수 있었다.

'엄마'라는
빅 이슈

제자들과의 '마음 보충 수업'을 통해 나를 비롯한 많은 사람들이 공통적으로 저지르고 있는 여러 가지 오류들, 즉 에너지를 빠르게 소진시키는 마음의 패턴들을 찾아낼 수 있었다. 하지만 그것과는 별개로 각 사람만이 가지고 있는 고유한 이슈들도 있기 마련인데, 나에게도 그런 대표적인 빅 이슈들이 몇 가지 존재한다. 그 중에 첫 번째가 바로 엄마와의 관계였다.

나의 엄마는 한마디로 선한 분이다. 남 미워할 줄도 몰라서 주변에 엄마가 싫어하는 사람도, 엄마를 싫어하는 사람도 거의 없고, 언제나 남을 먼저 배려하고, 자꾸 남한테 뭘 베풀고 챙겨주려고 하는 분이다.

그런 엄마와 나의 길고 긴 애증의 역사가 시작된 것은 내가 열서너 살 무렵이었던 걸로 기억한다. 학교에 갔다 온 내가 이상하

게 발바닥이 아프다고 해서 엄마와 함께 집 근처 정형외과에 갔던
게 발단이었다. 거기서 이런저런 검사를 하는 중에 내 척추가 좀
휘었다는 것을 처음으로 발견하게 되었다. 요즘 '척추 측만증'이
라고 말하는 바로 그 증상이었다. 그렇게 심하게 휜 것은 아니었
기 때문에 그로 인한 통증도 전혀 없었다. 하지만 그날 이후부터
엄마는 '내 딸의 척추를 똑바로 고쳐야만 한다'는 생각에 사로잡
혔다. 그래서 나를 데리고 내 척추를 고칠 수 있다고 말하는 곳이
면 어디든 가기 시작했다.

　나는 그렇게 중학교, 고등학교, 대학교, 심지어 대학원 시절까
지 20년이 훌쩍 넘는 세월 동안 각종 병원에 끌려다녔다. 엄마는
포기를 모르는 여자였다. 지치지도 않고 늘 새로운 곳을 찾아내곤
했다. 그때 내가 받았던 치료 중 몇 가지만 열거해보면 정형외과
입원 치료를 비롯해서, 카이로 프랙틱, 도수 치료(수기 치료), 롤핑,
은 마사지, 석고 요법, 냉동 요법, 금침, 약발 치료, 헬스, 사혈, 기
공 치료 등등 안 해본 것이 없었다. 다들 처음에는 무조건 고칠 수
있다고 호언장담했고, 또 어떤 종류의 치료든 한번 시작했다 하면
최소 3개월, 길면 1년이었다. 덕분에 나는 가장 젊고 싱싱했던 시
절의 대부분을 병원에서 보낼 수밖에 없었다.

　문제는 평소에는 아무런 통증도 없었지만, 치료를 받으러 가
기만 하면 어마어마한 고통을 감당해야 했다는 것이다. 비뚤어진
척추 때문에 굳어버린 등 근육을 풀기 위해 그 부위를 누를 때마
다 극한의 고통이 밀려왔다. 내가 치료실에 누워 고통을 참지 못

해 비명을 지르고 울며 몸부림칠 때마다 엄마는 내 손을 꼭 잡고 같이 울면서 "미안하다 민영아, 엄마가 미안해."를 수도 없이 반복했다. 딸을 꼭 고치겠다는 엄마의 일념이 오로지 선한 의도와 사랑에서 비롯된 것이라는 건 알지만, 엄마가 포기하지 않는 한 매번 그 고통을 온몸으로 겪어내야 하는 건 나였다.

　낫지도 않을 치료를 받으러 끌려다니는 게 죽기보다 싫었으면서도 엄마를 끝내 거부하지 못했던 이유는 '엄마가 나를 위해서 그러는 것'이었기 때문이다. 엄마 자신을 위해서가 아니라 나를 위해서, 나 잘되라고 그러는 거니까, 엄마의 말을 거절하면 내가 불효녀가 되는 것 같았다. 엄마의 사랑을 거부하는 불효막심하고 배은망덕하고 못된 딸이 되는 게 싫었다. 그래서 그냥 내 한 몸 희생해서라도 원만하게 지내고 싶었다. 나만 참으면 되니까. 나만 버티고 견디면 다 행복하니까. 그렇게 엄마의 사랑을 이해하고 다 받아들였다고 생각했다. 그날이 오기 전까지는.

　그날도 여느 날처럼 또 어떤 곳에 가서 비슷한 치료를 받고 있었다. 발가벗고 종이 팬티만 입은 채 구멍 뚫린 베드에 얼굴 집어넣고 눕는 건 늘 하던 거였다. 치료가 특별히 더 아픈 것도 아니었다. 그런데 갑자기 이상한 기분이 들었다. 이전에 이와 비슷한 베드에 누워서 겪었던 모든 고통스런 기억들이 한꺼번에 몰려왔다. 이내 전신에서 식은땀이 나기 시작하고, 손발이 벌벌 떨리고, 숨이 막히고, 눈물이 흐르기 시작했다. 이러다 죽을 수도 있겠다는 생각에 엄마에게 그만하고 내려가겠다고 말했지만, 엄마는 발목 부분만 마저 풀고 가자며 조금만 더 참으라고 했다. 그렇게 30초 정도 지났을까? 머릿속에서 뭔가가 탁 끊어지는 느낌이 들었다. 이성의 끈이었을 수도 있고, 정신줄이었을 수도 있을 것 같다. 하여튼 뭔가가 탁 끊기는 느낌과 함께 나는 벌떡 일어났다. 그러고는 정신없이 아무 옷이나 걸쳐 입고 밖으로 나갔다.

골목 한가운데에 양 다리를 'V'자로 쭉 펴고 주저앉았다. 그리고 나는 포효하기 시작했다. "아아아아악!" 미친 듯이 울부짖는 소리가 저 깊은 곳에서부터 끝도 없이 분출되어 나왔다. '어, 내가 왜 이러는 거지?' 하는 생각이 들면서도 포효를 멈출 수가 없었다. 내 안에 그토록 많은 분노와 원망이 있었을 줄이야! 나는 전혀, 하나도 괜찮지 않았던 것이다. 정말이지 머리 뚜껑이 날아가버린 듯한 느낌이었다. 얼마 동안 그랬는지 기억도 나지 않는다. 간신히 소리를 멈췄을 때에는 이미 극도의 스트레스로 인해 위와 장이 다 꼬여버린 뒤였다. 나를 뒤따라 나온 엄마의 부축을 받아 겨우 집으로 돌아왔다.

집에 오자마자 나는 너무 기진맥진해서 뻗어버렸고, 엄마는 연신 내 팔과 다리, 배를 주무르면서 나를 살리기 위해 애썼다. 그러면서 딱 한 번만 더 가서 오늘 다 못 한 발목 부분만 마저 풀고 오자고 말했다. 그 순간, 나는 드디어 때가 됐음을 알았다. 사실은 진작에, 아주 오래전에 했어야 했던 말이었다. 아무리 부모 자식 관계라고는 해도 엄마는 엄마, 나는 나였다. 싫으면 싫다고, 더는 못 하겠다고, 안 하고 싶다고 분명히 내 의사를 표현했어야 했다.

하지만 나는 엄마를 사랑한다면 엄마의 요구에 다 순종해야 한다고 잘못 생각하고 있었다. 엄마의 요구를 거절하면 내가 엄마를 사랑하지 않는다고 생각할까 봐 무서웠다. 나는 엄마를 사랑하면서도 거절할 수 있다는 걸 몰랐던 것이다.

그날 나는 엄마한테 분명하게 말했다. "엄마를 사랑하지만 이젠 엄마가 원하는 대로 다 들어드릴 수 없어요. 앞으로는 제가 원치 않으면 절대 가지 않을 겁니다." 염려했던 것과는 반대로, 엄마와 나 사이에 지켜야 할 경계선을 확실하게 말씀드린 후로, 엄마와 나의 관계는 오히려 더 좋아졌다. 물론 엄마 입장에선 내가 본인 뜻대로 되지 않는 답답함과 섭섭함을 감수해야 했고, 나의 입장에선 미안함과 눈치 보임을 견뎌야 했다. 하지만 그 대신 분노와 원망과 억울함은 생기지 않았다. 엄마와 나의 새로운 관계는 이제부터 다시 시작이었다.

'아빠'라는
큰 산

나의 아버지를 한마디로 표현하자면 '다재다능'한 분이었다. 기타도 잘 치고, 노래도 잘 부르고, 서예도 잘하고, 그림도 잘 그리고, 말도 위트 있게 잘하고…. 나의 어린 시절, 아빠는 내 우상이었고 닮고 싶은 모든 것이었다. 그래서였을까? 유독 아빠한테 칭찬받고 싶고, 인정받고 싶은 마음이 무척 컸다. 아빠만 나를 인정해주면 다른 사람들이야 뭐라 생각하든 상관없을 것만 같았다.

초등학교에 갓 입학했을 무렵, 백점 받은 시험지를 들고 아빠한테 달려가 자랑했던 기억이 난다. 하지만 아빠는 "자화자찬 하지 마. 잘난 척해선 안 돼. 겸손해야지."라고 말했다. 다른 아빠들은 성적 잘 받아오면 선물도 사주고 좋아서 난리가 난다는데, 우리 아빠는 왜 그런 식으로 반응하는지 어린 나로선 도저히 이해할 수가 없었다. 그 작은 머리로 혼자 열심히 내린 결론은 '우리 아빠는 이 정도로는 만족을 못 하나 보다'였다. 그래서 다음 시험에선 네 과목에서 올백을 받았지만, 여전히 아빠의 반응은 똑같았다. 그 뒤로도 나는 계속 반 1등을 했고, 중학교에 가서는 가끔 전교 1등을 하기도 했지만 내가 생명수처럼 바라고 바라는 아빠의 한마디, 나를 인정해주는 그 한마디는 참으로 듣기 힘들었다.

아빠한테 인정은 못 받았어도 공부를 잘하는 건 내가 유일하게 내세울 만한 것이었다. 그런데 외고에 진학하자 성적이 반 꼴찌 수준으로 떨어졌다. 보통 그런 일이 생기면 대부분은 어떻게든 따라잡으려고 노력을 하겠지만 내 경우에는 견적을 내보니 이미 따라잡을 수 있는 수준이 아니었다. 다른 학교에서 온 아이들의 선행학습량이 어마어마했다. 그래서 고등학교 1학년 4월에 깔끔하게 공부를 포기했다. 나에게 공부란 어차피 사람들에게 인정받기 위한 가장 쉬운 수단일 뿐이었다. 즐기면서 한 공부는 아니었으니 아무런 미련도 아쉬움도 없었다.

그렇다고 아빠에게 인정받고 싶은 내 욕망이 사라진 건 아니었다. 나는 아빠가 한때 몸담았던 예술계에서 인정을 받으면 아빠한테 인정을 받을 수 있지 않을까 하는 생각이 들었다. 신문에 내 인터뷰가 실리고 내 작품이 흥행에 크게 성공하면 아빠도 날 자랑스러워하고 내 능력을 인정해주시지 않을까 하는 기대 말이다. 우여곡절 끝에 뮤지컬계에 입문해서 대본 작가가 되었고, 드디어 내 공연을 아빠에게 보여드렸다. 공연을 본 소감을 물어보았을 때 아빠의 대답은 정말 충격적이었다. "네 작품에는 깊이가 없어."

차라리 스토리 전개가 이상하다거나, 캐릭터가 말이 안 된다 거나, 결말이 보잘것없다고 했으면 어떻게든 보완해서 고쳤을 것 이다. 하지만 깊이가 없다니…. 도대체 그 '깊이'라는 게 뭔데? 어 떻게 해야 그 깊이라는 걸 채울 수 있는 건데? 그리고 그 말이 나 에겐 '너는 깊이가 없다'는 말처럼 들렸다. 파트리크 쥐스킨트가 쓴 〈깊이에의 강요〉라는 단편 소설이 생각났다. 그 소설의 주인공 인 젊은 여류화가도 '깊이가 없다'는 평론가의 말에 '깊이'가 무엇 인지 찾아서 구현하려다 결국 좌절해 자살하고 만다. 그 심정이 너무나도 잘 이해됐다. 아빠는 눈이 너무 높았다. 결코 만족하는 법이 없었다. 내가 뭘 해도 아빠 눈에는 가볍고 깊이가 없게 보였 다. 아빠를 만족시키는 건 내 능력으론 도저히 불가능하다는 사실 이 내 삶의 원초적인 좌절과 절망의 기저가 되었다.

그러던 어느 날 우연히 구청에서 실시하는 집단 심리 상담 프 로그램에 참여하게 되었다. 거기서 어찌 하다 보니 아빠 앞에선 차마 말할 수 없었던 서러움을 토해내게 되었다. 그때 내가 오열 하면서 했던 말은 "내가 아빠 딸이라는 것만으로도 그저 충분하 다고 말해주면 안 됐어? 그 한마디가 그렇게 힘들었어? 아빠만 날 제대로 인정해줬어도 내가 밖에 나가서 남들 인정에 그렇게 허덕 이진 않았을 거 아냐! 도대체 내가 뭘 더 어떻게 해야 날 인정해줄 거냐고!"였다.

그 일이 나에게 용기를 주었던 걸까? 번아웃으로 집에서 요양 하던 어느 날 아빠에게 직접 물어보았다. "아빠, 그때 내 공연 끝나고 나서 했던 깊이가 없다는 말, 그게 도대체 무슨 뜻이었어요?"

놀랍게도 아빠는 그런 말을 했었다는 것 자체를 기억하지 못했다. 하지만 내가 분명히 들었다고 우기자, 그렇다면 아마도 뭔가 멋있는 말을 하려고 하다가 그냥 그 단어가 떠올랐을 거라고 하셨다. 그 얘길 듣고 너무 허망했다. 실상 아무 의미도 없는 말이었는데 나는 그 의미를 찾으려고 여태 그 고생을 했던 것이다. 하지만 아빠를 원망할 수도 없었다. 아빠의 그 말을 그렇게 해석한 건 나였으니까. 내가 잘못 이해한 거였으니까. 차라리 그때 그 자리에서 바로 물어볼걸. 그게 무슨 뜻이냐고. 그랬다면 이렇게 오랜 세월 동안 헛되이 전전긍긍하진 않았을 텐데….

그 대화가 물꼬가 되어서 나는 아빠에게 내가 잘못 이해했던 부분들에 대해 질문하기 시작했다. 그리고 실제로 아빠는 이미 옛날부터 내가 뭘 잘해서가 아니라, 그냥 딸로서 사랑했었다는 걸 알게 되었다. 딸인 나만 행복하면 아빠는 그걸로 충분했는데 왜 저렇게 안달복달하면서 스스로를 힘들게 만들며 사는지 안타까웠다고 했다. 애초에 잘난 척하지 못하게 하고 겸손을 강조했던 것도, 알고 보니 아빠의 개인적인 사연이 있었다. 주변에서 제 잘난 것만 믿고 함부로 행동하다가 큰코다치는 것을 많이 보아왔기 때문에 행여 나도 그렇게 될까 봐 미연에 방지하려 그랬던 것이었다.

그동안 나는 다재다능한 아빠처럼 되고 싶어서 몸부림쳤지만 절대 아빠처럼 될 수 없었던 좌절감과 왜 나는 아빠랑 똑같지 않

을까 하는 열등감 때문에, 오히려 아빠가 나를 미워해서 인정해주
지 않는다고 오해한 것이었다. 엄마와의 관계에서와 마찬가지로
아빠는 아빠, 나는 나로 제대로 분화되지 못하고 아빠처럼 되고
싶어 했던 결과였다.

내가 너무 싫어,
외모 콤플렉스

내가 처음으로 나의 외모를 남과 비교하기 시작했던 건 초등
학교에 들어가면서부터였던 것 같다. 조숙한 꼬마였던 나는 대부
분의 남자 아이들이 좋아하는 인기 있는 여자 아이들이 누군지 금
방 알게 되었고, 그들과 내가 무엇이 어떻게 다른지에 대해 관심
을 갖기 시작했다. 그렇게 관찰해본 결과 인기 있는 여자 아이들
은 딱 봐도 여자 같다는 것이 내 결론이었다. 얼굴이 예쁘고, 선이
곱고, 찰랑거리는 머리에 머리핀이나 머리띠를 하고, 말이나 태도
도 부드럽고, 걸핏하면 "꺄아~!" 하는 소리를 내면서 웃었다. 지금
생각해보면 그렇지 않은 여자 아이들도 분명히 많았지만, 당시의
내 좁은 소견으론 '가장 인기 있는 여자 아이=예쁜 여자'라고 한
정 지었던 것 같다. 그에 비해 난 예쁜 여자에 속할 수 없는 존재
였다. 난 도저히 그들처럼 될 수 없었다. 그래서 예쁜 여자가 될 수

없을 바엔 차라리 남자처럼 살자고 결심해버렸다.

　그때부터 머리를 짧게 자르기 시작했다. 예쁠 수 없다면 멋있기라도 해야 한다는 게 내 지론이었다. 이런 증상은 여중, 여고, 여대를 다니는 동안 더 심해졌다. 커트 머리는 갈수록 더 짧아졌고 교복 상의 단추를 몇 개 풀어서 단정한 느낌보다는 거친 느낌을 주려고 했다. 그냥 할 수 있는 말도 최대한 세게 표현하고 필요하면 일부러 욕도 섞었다. 걸을 때도 건들건들 불량스럽게 걸었다. "꺄아~!" 하고 몰려다니는 여자애들을 안전하게 보호해주는 남자 같은 여자, 내 목표는 TV 드라마에 나오는 남장 여자들처럼 보이는 것이었다. 그래야만 나를 그들과 동일 선상에서 비교하지 않을 것 같았다. 한마디로 비교당하지 않기 위해서 아예 비교할 수 없게끔 만들어버린 것이다.

　여성스럽지 않다는 것이 나의 콤플렉스가 되어버린 후부터 나의 콤플렉스를 강화시킬 수 있는 일들이 계속해서 일어났다. (어쩌면 내가 이런 콤플렉스를 갖고 있기 때문에 그런 일들이 생긴 것일 수도 있고, 아니면 내가 그런 일들만 골라서 기억하는 것일 수도 있다.) 나는 어릴 적부터 여자치고는 팔다리에 털이 많은 편이었지만 그걸 특별히 의식해본 적은 없었다. 그런데 초등학교 고학년쯤이었던 어느 해 여름, 그 일이 벌어졌다. 버스를 탔는데 자리가 없어서 손잡이를 잡고 서 있었다. 내 옆에 어떤 아저씨도 손잡이를 잡고 서 있었는데, 아마도 내 팔의 털을 보고 내가 당연히 남자일 거라고 생각했던 것 같다. 그러다가 아저씨가 내리려고 몸을 돌리는 순간 내 얼굴을 보고는 화들짝 놀라더니 "아, 깜짝이야! 여자였네?"라며 큰소리로 말했다. 그 순간 엄청난 '수치심'이 몰려왔다. 그날 이후로 나는 절대 치마(교복 제외)를 입지 않았고, 초등학교 다니는 내내 한여름에도 긴팔을 입고 다녔다.

중학교 때는 같은 반에 유독 가슴이 큰 여자아이가 있었다. 그때만 해도 중학생이 가슴이 너무 크면 부러워하기보다는 놀림의 대상이 되기에 딱 좋았다. 그래서 그 아이는 체육 시간마다 웃음거리가 되었고, 그로 인해 스트레스를 많이 받았다. 그래서였을까? 그 아이는 그때 당시 우리 반에서 가슴 발육이 제일 느린 편이었던 나를 표적으로 삼아서 자신의 스트레스를 해소하려고 했다. 걸핏하면 체육복 갈아입을 때 옆에 와서는 "넌 앞뒤가 다 등이네?", "너는 가슴은 없고 건포도만 두 알 있네?"와 같은 모욕적인 말들을 쏟아내곤 했다. 그러던 어느 날 그 아이가 특별히 스트레스를 많이 받았던 날이었는지 갑자기 나를 멈춰 세우고는 대놓고 이렇게 말했다. "야, 너는 가슴이 작아서 앞으로 그 어떤 남자한테서도 사랑받지 못할 거야. 남자들은 가슴 큰 여자들을 좋아하거든." 그 순간은 마치 마녀에게서 저주를 받는 것 같은 느낌이었다. 나는 그 말을 반박하지 못했다. 사실 나 역시 그럴지도 모른다고 생각하고 있었기 때문이다. 그때부터 내 안에 그 말이 각인되었다.

그 아이의 말은 여성스럽지 않다는 콤플렉스를 갖고 있던 나의 마음을 완전히 얼려버리고 말았다. 그날 이후로 내 머릿속에는 말도 안 되는 논리가 자리를 잡아버렸다. "나는 가슴이 작다. → 남

자들은 가슴이 큰 여자만 좋아한다. → 고로 나는 남자에게 사랑
받을 수 없다. → 만약에 내가 어떤 남자를 사랑하게 되더라도 그
남자의 행복을 위해선 난 그와 결혼할 수 없다. → 그는 가슴 큰 여
자랑 사는 게 행복할 것이기 때문에 그를 정말 사랑한다면 나는
그와 결혼해선 안 된다." 지금 보면 전제에서부터 오류투성이인
말도 안 되는 이야기이지만, 난 정말로 그렇게 생각하며 살아왔
다. 만에 하나 날 좋아하는 사람이 나타난다고 해도 그 사람이 내
작은 가슴을 보게 되면 결국 실망해서 떠날 거라는 두려움이 너
무 컸다. 그래서 아예 아무도 사랑하지 않기를 은연중에 선택했
는지도 모른다. 사랑받을 위험이 적은 짝사랑만 몰래몰래 하면서
말이다.

대학교에 입학하고 나서 3월 중순, 과에서 첫 미팅이 있었다.
8:8 미팅이었는데 우리 과에서 제일 예쁜 애들만 대표로 나가는
자리였다. 지금으로 치면 '어벤져스급' 선발인 셈이다. 그런데 미
팅 시간을 앞두고 그중 한 아이에게 갑자기 갈 수 없는 상황이 발
생했다. 미팅에 나갈 아이들은 한 명을 빼고 그냥 7:8로 나갈 것인
지, 아니면 누구라도 대타로 한 명을 데리고 나갈 것인지를 치열
하게 고민했다. 그러다 7:8로 나가는 건 상대방에 대한 예의가 아
니라며, 마침 시간이 되는 나를 대타로 데리고 가기로 결정했다.
상대 학교 남학생들과 긴 테이블에 쭉 마주 앉은 순간, 나는 누가
나의 짝이 될지 한눈에 알 수 있었다. 나처럼 대타인지는 모르겠
지만 소위 말하는 '급이 떨어지는' 남학생이 그쪽에도 한 명 있었

다. 우리는 삽시간에 '폭탄 제거반'이라는 이름으로 짝이 되었다. 우리끼리 붙어서 자폭해버리고 분위기 좋은 다른 커플들한테는 피해를 주지 말라는 의도였다. 그 사실을 너무나 잘 알고 있는 우리가 피차 기분이 좋을 리가 없었다. 그때 나는 한 번 더 깊은 상처를 입었다.

또 한번은 PC통신 동아리에서 활동하던 시절, 밤늦게까지 호프집에서 술 마시며 놀다가 새벽 서너 시경에 택시를 타고 집에 들어가야 했던 날이 있었다. 나와 친구 한 명을 먼저 태워 보내기 위해 오빠들이 길까지 따라나와 택시를 잡아주었다. 나와 친구는 밤에 여자 혼자 택시 타고 가려니까 무섭다고 오빠들에게 말했다. 그러자 한 오빠가 말했다. "야, 넌 얼굴이 무기인데 뭐가 걱정이냐?" 그러더니 옆의 친구에게는 "앤 좀 걱정되지만. 괜찮아, 오빠가 차번호랑 다 적어놓을 거니까." 하고 말했다. 아니나 다를까 그 오빠의 예언을 증명이라도 하듯이, 그 친구는 그날 타고 가던 택시의 운전사가 술 한잔하고 가자며 수작을 걸어오는 바람에 반지를 보여주며 결혼했다고 거짓말까지 해야 하는 위험천만한 상황을 겪었다고 했다. 나? 나는 택시 아저씨랑 운전에 대한 심도 깊은 대화를 나누며 아주 안전하게 집에 도착했다. 어이없는 소리 같겠지만 나는 별일이 없어서 다행이라는 생각보다 얼굴이 무기라는 오빠의 말이 사실이었구나 하는 생각에 무척 씁쓸했다.

강사 생활 초창기에는 학생들이 기념으로 사진을 찍자고 요청할 때마다 손사래를 치면서 거절했다. 나 몰래 찍으려는 시도가

있을 때조차 손바닥으로 얼굴을 가리거나 고개를 돌리면서 기를
쓰고 피했다. 학생들은 무척 서운해했지만 나는 못생긴 내 얼굴이
알지도 못하는 곳에서 나도 모르는 이상한 모습으로 돌아다닐지
도 모른다는 것이 너무 싫었다. 어쩔 수 없었다. 남들은 셀카도 많
이 찍는다는데 나한텐 있을 수 없는 일이었다. 그저 예쁘지 않은
내가 싫었다. 남들보다 여성스럽지 않은 내가 싫었다. 그땐 그냥
내가 다 싫었다. 정말 그랬다.

나의 에너지를 빠르게
고갈시켰던 모든 것

다시 번아웃을 겪지 않으려면, 나를 조기 소진시킨 핵심 원인들을 찾아야 했다. 앞에서 말한 나의 삶 속에서 항상 문제가 되었던 세 가지 빅 이슈들 – 착한 사람 콤플렉스, 인정 욕구, 외모 콤플렉스 – 외에도 날 힘들게 하는 요인들을 샅샅이 찾아내야만 대비할 수 있었다. 먼저 번아웃이 되기 이전의 삶 속에서 내가 가장 많이 했던 말이 무엇이었는지 생각해보았다. 바로 "미친 거 아냐?"라는 말이 떠올랐다. 거의 입버릇 수준으로 하루에도 몇 번씩 내뱉고 있었다. 내가 이 말을 반복하며 살 수밖에 없었던 이유는 세상엔 내 상식과 기준으론 도저히 이해할 수 없는 사람들이 너무 많았기 때문이었다. 세상에 원래 미친 사람들이 많은 건지, 아니면 유독 내 주변에만 미친 사람들이 더 많은 건지는 모르겠다. 하여튼 도처에 지뢰처럼 깔려 있는 그런 사람들을 피해 다니는 것이 너무나 힘들었다.

당시 내가 특별히 '미친 사람'이라고 규정했던 인물들의 면면을 살펴보면, 가장 먼저 자기밖에 모르는 사람들이 있었다. 노골적으로 자기 이익만을 추구하는 사람들, 지독하게 이기적이고 남에 대한 배려라곤 눈곱만큼도 찾아보기 힘든 사람들, '어떻게 저럴 수 있지?' 싶을 정도로 자기 생각만 하는 사람들이 미친 사람들의 대표 유형이었다. 그건 아마도 당시에 내가 착한 사람 콤플렉스에 완전히 빠져 있었기 때문일 것이다. 내가 착한 사람 콤플렉스에 빠져 있다는 사실은 모르면서, 내 기준에서 착하지 않은 모든 사람들을 '미친 거 아냐?' 하고 무차별적으로 비난했다. 착한 나는 정상, 나쁜 너는 비정상이라고 말이다.

다음으로 내가 '미친 사람'으로 여겼던 부류는 상대방은 안중에도 없이 자기 욕망 또는 감정을 마음껏 표현하는 사람들이었다. 노골적으로 자신이 원하는 것을 요구하면서 "이렇게 해주면 안 돼? 어? 좀 해주라!" 하고 말하는 사람들. 또 화가 나면 얼굴이 붉으락푸르락하며 대놓고 씩씩거리면서 "아오! 아오!" 하고 큰 소리로 분을 표출하는 사람들. 나를 더 미치게 하는 건 그렇게 화를 내다가도 자기 기분이 풀리고 나면 언제 그랬냐는 듯이 다시 멀쩡해져서는 친절하게 구는 사람들이었다. 와…, 정말이지 내 눈엔 그런 사람들이 완벽하게 미친 사람으로 보였다. 나는 죽었다 깨어나도 그렇게 행동할 수 없었기 때문이다. 난 어떻게 하면 상대방이 모르도록 내 속마음을 숨기고 내 감정을 티 내지 않을 수 있을까 하고 전전긍긍하는데, 그 사람들은 나와 정반대였다. 도저히 이해할 수 없었다.

마지막으로는 나와 가치관이 다른 사람들이었다. 나는 이런 상황에서는 당연히 이렇게 해야 한다고 확신하고 있는 사안에 대해서 나의 답과 다르게 행동하는 사람들을 보면 "미친 거 아냐?" 하는 소리가 절로 나왔다. 아주 간단한 예를 하나 들자면, 나는 길에 침 뱉는 것을 절대 용납할 수가 없었다. 나의 기준에서 침을 뱉는 행위 자체는 너무나 더러운 것이고 예의에 어긋나는 것이었다. 특히 밖에서 아무 데나 침을 뱉는다는 건 절대 있어서는 안 되는 일이었다. 그 사람이 어떤 이유로 그 순간 침을 뱉을 수밖에 없었는지 그런 건 하나도 중요하지 않았다. 남녀노소를 불문하고 침을 뱉는 사람을 보기만 하면 눈살이 찌푸려지고 그 사람을 경멸하는 태도가 표정에 드러났다. 혹시라도 침 뱉은 사람이 나의 이런 혐오를 눈치 못 챌까 봐 아주 오랫동안 눈을 흘기며 쳐다본 적도 있었다.

미친 사람들이 많은 세상에 살자니 내가 너무 피곤했다. 나와 비슷한 정상적인 사람을 찾기가 하늘의 별따기처럼 힘들었다. 처음엔 괜찮아 보이고, 멀쩡해 보이던 사람들조차 조금만 더 깊이 알아가다 보면 여지없이 미친 사람의 면모를 드러내곤 했다. 내마음 같은 사람이 하나도 없었다. 그러다 보니 점점 더 외로워졌다. 수시로 '내가 이상한 건가?' 하는 자괴감이 들었다. 남들은 저렇게 미친 짓을 하면서도 즐겁게 잘만 사는데, 왜 나만 이렇게 괴로워하면서 힘들게 살아야 하는지 이해할 수 없었다. 사람을 만나는 게 점점 더 피곤해지기 시작했다. 새로운 사람을 만나는 것은 물론이거니와 이미 알던 사람들조차 더 깊이 알게 되는 게 무서웠다. 내가 사람들에게 바라는 건 딱 하나, '제발 좀 날 가만히 내버려둬!'였다. 사람을 만나면 내가 이해할 수 없는 걸 견뎌야 했고, 짜증이 나는 걸 티내지 말아야 했다. 그러니 자연스럽게 사람을 만나고 들어오면 온몸의 에너지가 다 빠져나간 것처럼 피곤하고 또 피곤했다.

사람을 만나는 게 이토록 곤욕이다 보니, 자연스럽게 '단절'을 꿈꾸게 되었다. 일명 '잠수 탄다'고 표현하는 바로 그것 말이다. 이 꼴 저 꼴 다 보기 싫고 짜증이 날 때면 모든 연락을 끊고 혼자 집에서 조용히 지내기를 간절히 희망했다. 실제로 참다 참다 폭발할 지경이 되면 그렇게 하기도 했다. 갑자기 휴대전화 번호를 바꾸고 연락 두절이 되어버리는 것이다. 그러면 사람들은 이유를 몰라 우왕좌왕하며 나를 찾다가 이내 포기하곤 했다. (그 와중에 사람들이 너무 쉽게 포기하고 더 이상 날 찾지 않는 것도 기분 나빴다.)

하지만 잠수를 끝내고 다시 사람들 속으로 나오는 것 또한 나였다. 영원히 잠수를 타고 있을 수만은 없었기 때문이다. 나는 이 세상에 태어난 이상, 죽으나 사나 사람들 속에서 살 수밖에 없는 운명이었다. 하지만 어떻게 해야 이 미친 사람들 속에서 온전한 정신을 가지고 생존할 수 있는지 그 방법을 몰랐다. 싫어도 참아야 했고, 참다 보면 진이 빠졌고, 지치면 숨었다가 좀 괜찮아지면 다시 나오기를 반복했다. 그때마다 사람들은 나를 이상하게 보았고 나는 구차한 변명들 - 사실은 아팠다, 일이 너무 많았다, 어쩔 수 없는 이유가 있었다 등등 - 을 만들어내야 했다. 사는 게 쉽지 않다고 느낀 건 9할이 다 사람 때문이었다. 난 나 빼고는 모두 미쳐버린 것 같은 다른 사람들이 너무너무 싫었다.

그래서였을까? 내 인생은 뭔가 계속해서 잘 맞지 않는 옷을 입은 것 같은 느낌이 들었다. 달리 표현하자면, 부적응자misfit. 지금 있는 이곳이 나와 맞지 않는 것 같은 느낌, 완전히 소속되지 못한 느낌이 있었다. 가끔은 이런 내가 정의를 위해 싸우는 투사 같기도 하고 고독하지만 멋있는 이상주의자 같다는 생각에 도취되기도 했다. 하지만 대부분의 경우엔 남들에 비해 나만 피곤하게 사는 것 같아 억울할 때가 많았다. 가장 이해할 수 없었던 것은 이 미친 세상을 지독히 싫어하면서도 그 안에 완전하게 소속되길 바라는 모순된 마음이 동시에 존재한다는 사실이었다. 나는 항상 주류에 속하길 원했고, 이 세상에 꼭 필요한 대체 불가능한 존재가 되길 희망했다. 툭하면 단절을 선택하면서도 알고 보면 모든 사람들에게 사랑받고 싶었다. 이토록 극단적인 두 가지 마음 사이에서 이러지도 저러지도 못하고 갈팡질팡 하는 사이, 나의 에너지는 속절없이 소진되었다.

지금부터는 그동안 나의 복잡한 마음을 켜켜이 들여다보면서 발견한 것들에 대해 말해보려 한다. 내 마음속에 도대체 어떤 것들이 있었는지, 내 마음이 진짜로 말하고 싶어 했던 건 무엇이었는지, 내가 내 마음을 어떻게 하찮게 대했는지 말이다. 그리고 내 에너지가 어떻게 그렇게 빠르게 소진되었는지에 대해서도 살펴볼 것이다. 내가 경험한 '번아웃'의 단계를 거쳐 가게 될 또 다른 이에게 도움이 될 수 있기를 바라면서. 그 과정에서 내가 가진 에너지를 더 이상 소모하지 않고 채울 수 있는 방법에 대해서도 함께 이야기해보고자 한다.

Chapter
2

극단적인 이분법적 사고

오로지 두 개뿐인
선택지

사람들은 모호한 걸 싫어한다. 이것이면 이것, 저것이면 저것이어야지 이도 저도 아닌 것을 잘 견디지 못한다. 무엇이든 확실해야 한다고 생각하는 것이다. 언제나 흑 아니면 백으로 태도를 분명히 밝혀야 자기 주관이 뚜렷하고 멋지다고 생각한다. 반면에 그런 태도를 보이지 않으면 회색이네, 박쥐네, 어중간하네, 흐리멍덩하네 하면서 쉽게 비난한다. 그러다 보니 수시로 편을 나눠서 이쪽인지 저쪽인지를 묻는다. 어떤 사안에 대해서 찬성하는지 반대하는지를 묻고, 할 건지 말 건지, 살 건지 말 건지를 정하라고 독촉한다. 그리고 이에 대해 곧바로 똑 부러진 대답을 못 하는 사람들을 한심하게 생각한다. 하지만 이런 이분법적 사고야말로 우리의 에너지를 급격하게 소모시키는 대표적인 마음 활동 중 하나다. 왜 그럴까?

사람들은 착한 사람과 나쁜 사람이 있다고 생각한다. 이것이 사실인가? 그렇다면 당신은 어느 쪽인가? 당신은 착한 사람인가? 나쁜 사람인가? 사회생활을 할 때는 상사에게 고분고분하고 동료들에게 친절하고 고객들에게 다정하지만 집에 와서는 엄마에게 짜증을 부리고 동생에게 소리를 지르고 강아지를 발로 찬다면, 당신은 착한 사람인가 나쁜 사람인가? 사람들에게 사기를 쳐서 남의 돈을 가로챘지만 그 돈으로 사랑하는 가족들을 위해 헌신했다면, 당신은 착한 사람인가 나쁜 사람인가?

이런 경우도 있을 수 있다. 당신은 소위 세상에서 제일 착하다고 인정받고 엄청나게 헌신적이며 오로지 선의로만 가득 찬 사람이다. 그래서 당신은 상대방이 필요 없다고 하는데도 불구하고 그를 도와주겠다면서 끝까지 선의를 베푼다. 그러자 상대방은 당신 때문에 피곤해서 거의 미쳐버릴 지경이 됐다. 그렇다면 당신은 착한 사람인가 나쁜 사람인가?

팩트는 이것이다. 당신은 어떨 때는 착하고 어떨 때는 나쁘다. 또 당신은 누군가에겐 착한 사람이지만 다른 누군가에겐 나쁜 사람일 수도 있다. 즉, 당신은 착하면서 동시에 나쁘다. 실제 우리의 삶은 우리의 생각처럼 그렇게 둘 중 하나로 딱 떨어지지 않는 경우가 대부분이다. 우리의 삶은 동전의 양면과 같다. 언뜻 보기엔 앞면과 뒷면으로 확연하게 나뉘어져 있는 것 같지만, 사실 그 둘은 똑같은 동전의 양면에 불과하다. 당신이 그 동전의 어느 쪽을 보느냐에 따라 착해 보일 수도 있고 나빠 보일 수도 있는 것이다.

동전은 오로지 앞면만 있는 것도 아니요, 오로지 뒷면만 있는 것도 아니다. 언제나 그 둘은 함께 있다.

사실이 이러함에도 불구하고 우리는 안타깝게도 너무나 자주 이분법적 사고의 오류에 빠지곤 한다. 게다가 노골적이지 않게 일상 곳곳에 너무도 자연스럽게 스며들어 있어서 우리가 인지하지 못하는 경우도 많다. 그렇기 때문에 우리가 너무나 당연하다고 생각하는 것들을 점검해볼 필요가 있다.

S는 남자 친구가 자신을 사랑하거나 사랑하지 않거나, 두 가지 경우만 있다고 이분법적으로 생각하는 경향이 있었다. 그녀는 사랑에 대해 굉장히 극단적으로 생각하는 사람이었다. 남자 친구가 자신을 맨날 집까지 데려다주어야만 사랑하는 것이고, 다른 일이 생겨서 부득이하게 자신을 데려다주지 못하면 사랑이 식었다고 생각했다. 하루에 최소 세 번 이상 통화를 해야만 하는데, 남자 친구가 바빠서 그렇게 하지 못하면 마음이 변한 걸까 봐 불안해하기 시작했다. 모든 일에서 언제나 자신이 최우선이 되어야 하는데, 단 한 번이라도 가족이나 친구, 일을 자기보다 더 우선시하면 자신을 더 이상 사랑하지 않는 증거라 여기고 괴로워했다. 늘 100퍼센트 온전하게 사랑하지 않으면 사랑하지 않는 것이라고 생각한 것이다. 이처럼 이분법적 사고의 큰 해악 중 하나가 바로 이 온전함에 대한 집착이다.

이분법적 사고를 가진 사람들이 특히 잘 쓰는 단어들은 이런 것이다. 항상, 언제나, 늘, 한결같이, 순수하게, 완벽하게, 온전히,

오로지, 나만을, 영원히…. 이런 말들에는 절대로 지킬 수 없는 불가능한 전제들이 내포되어 있는 경우가 많다. 매일 항상 한결같이 잘해줘야 하고, 개인적인 이해관계에 대한 계산이나 사심이 전혀 들어가지 않은 순도 100퍼센트의 진실한 마음이어야만 진짜라고 생각한다. 거의 강박에 가까울 만큼 극단적인 것을 추구하다 보면 몸과 마음의 에너지가 엄청나게 소모된다. 왜? 불가능한 것을 꿈꾸기 때문이다. 실제로 가능하지 않은 것을 가능하게 하려고 용을 쓰다 보니 더 빠르게 지치는 것이다.

사람이 어떻게 언제나 한결같을 수 있겠는가? 하루에도 몇 번씩 바이오리듬이 바뀌고 주변 상황에 따라 내 마음도 널을 뛰는데 어떻게 항상 잘해주고, 어떻게 똑같이 사랑할 수 있겠는가? 그럼에도 불구하고 '날 진심으로 사랑한다면 이렇게 해줘야 한다, 이래야만 날 진짜로 사랑하는 것이다'라는 생각을 갖고 있다면 상대방이 그렇게 해주지 못했을 때 쉽게 분노하고 실망하게 된다. 그 결과 이분법적 사고를 가진 사람의 삶에 대한 만족도는 필연적으로 낮을 수밖에 없다. 완벽한 무엇이 아니면 받아들일 수 없기 때문이다. 불순물이 조금이라도 끼어들면 그건 이미 망친 것이고 온전하지 못하다고 생각하기 때문이다. 완벽하게 만족하거나 아니면 다 실망하거나. 한마디로 낙차가 엄청나게 크다. 만족할 수 있는 경우는 극히 드물고 오랜 시간 불만과 실망 속에서 보낼 수밖에 없다.

Q의 초등학교 2학년 아들은 학교가 끝나자마자 네 개의 학원

투어를 하고 밤늦게 집으로 돌아온다. 아이는 금방 생기를 잃었고, 짜증이 늘었으며, 온몸으로 자신이 몹시 불행하다는 티를 내고 있었다. 하지만 Q 또한 이런 아이의 짜증을 온몸으로 받아내느라 지옥을 경험하긴 매한가지였다. 모두가 행복하지 않은 이런 상황 속에서, 나는 아이가 너무 힘들어하니 학원을 한두 개라도 줄여보면 어떻겠냐고 권유했다. 그러자 Q는 이렇게 말했다. "그럼, 아이를 학원에 보내지 말고, 1년 365일 내내 그저 놀게 두란 말인가요?"

Q의 반응은 매우 극단적이었다. 왜냐하면 Q의 머릿속에는 '네 군데 학원에 전부 보낸다'와 '학원을 한 군데도 보내지 않는다'라는 단 두 개의 선택지만 있었기 때문이었다. Q의 입장에서는 아이가 다니고 있는 네 개의 학원은 모두 반드시 다녀야만 하는, 꼭 필요한 과목들을 가르치는 곳이었다. 무엇 하나 뺄 게 없었던 것이다. 그래서 남들이 보기엔 네 개의 학원이지만 Q가 보기엔 한 개의 학원이나 마찬가지였다. 그러니 Q에게는 학원 한두 개를 그만두는 것은 전부 그만두는 것과 똑같았다. 이것이 이분법적 사고의 또 다른 해악 중 하나다.

이분법적 사고를 하는 사람들은 무언가를 선택하려면 반드시 둘 중 하나만 선택해야 한다고 생각한다. 그러다 보니 하나를 선택하면 반대쪽을 모두 잃을 각오를 해야 한다. 대가가 너무 크다. 아이를 어느 학원에도 보내지 않고 집에서 놀게 하는 건 엄마 입장에서는 감당하기 힘들고 매우 두려운 일이다. 그러니 아이가 아무리 힘들어해도 네 개의 학원을 다 보낼 수밖에 없다. 중간이 없다. 학원 세 개만 다니고 한 개는 그만두기, 학원 두 개만 다니고 두 개는 그만두기와 같은 가능성이 Q에게는 존재하지 않는다. 오로지 다 하던가, 아니면 다 그만두는 것밖에 없다. 이런 극단적인 상태로는 절대로 최선의 선택을 할 수가 없다.

다양한 이분법적 사고 중에서도 내가 가장 가슴 아프게 생각하는 것이 바로 젊은 사람들이 가지고 있는 성공과 실패에 대한 생각이다. 지금 당장 성공하지 않으면 실패라는 생각 말이다. 취업을 못 했다는 이유로, 시험에 불합격했다는 이유로, 오디션에 떨어졌다는 이유로, 공부를 잘하지 못한다는 이유만으로 자신을 너무도 쉽게 '실패자'로 규정해버리는 사람들이 많다. 이들의 머릿속에는 '취업＝성공', '미취업＝실패'라는 아주 극단적인 공식만 들어 있다.

과연 정말 그런가? 일단 취업을 목표로 삼고 있는 사람이라면 취업과 미취업 사이에 있는 것은 '실패'가 아니라 '취업으로 가기 위한 과정'이다. 그래서 그는 과정 중에 있는 사람, 도전 중인 사람, 목표를 위해 노력하고 있는 사람일 뿐 절대로 실패한 사람이 아니다.

더 나아가 '미취업＝실패'라는 공식은 도대체 누가 만든 것인가? 세상엔 어딘가에 취업하지 않고도 자신만의 일을 찾아서 만들어가는 사람들, 지도에도 없는 길을 내면서 살아가는 사람들이 정말 많다. 들어가고 싶지만 마땅한 곳이 없다면, 스스로 새로운

일을 창조해내는 것이다. 이들이 그저 취업하지 못했다는 이유만
으로 실패자로 낙인이 찍혀야 할 이유는 없다.

　따지고 보면 우리가 삶 속에서 고통스러워하는 많은 이유들
이 이러한 이분법적 사고 때문인 경우가 많다. 만날 생사의 기
로에서 엄청난 선택들을 하려고 하니 당연히 힘들 수밖에 없다.
이래야만 살고, 아니면 다 죽고. 절대 그렇지 않다. 삶 속에는 수
없이 많은 다양한 가능성들이 있다는 걸 제발 기억해줬으면 좋
겠다. 0과 1 사이에 얼마나 많은 수가 있는지 아는가? 0.4, 0.07,
0.001214, 0.000625612⋯. 무한대다.

원칙과 약속,
지키거나 지키지 않거나

이분법적 사고는 극단적인 판단으로 자신의 선택지를 제한하는 경우에만 국한되지 않는다. 때로는 자신의 이분법적 사고를 기준으로 타인을 판단하며 스스로의 마음과 관계를 망치기도 한다.

나는 약속이나 원칙 같은 것을 반드시 지켜야 한다고 생각하는 사람이었다. 개인 간의 약속이든, 공공질서처럼 사회 속에서 지켜야 할 약속이든 간에 모든 약속은 중요하고 반드시 지켜야 한다고 믿었다. 이건 반드시 이래야만 하고, 저건 당연히 저래야만 한다고 믿는 범생이, 즉 FM 타입이었다. 나의 마음속에는 지독한 이분법적 사고, 즉 약속을 지키는 것과 지키지 않는 것, 두 가지 기준밖에 없었다. 약속을 지키면 좋은 사람, 약속을 지키지 않으면 나쁜 사람이었다. 그러다 보니 자연스럽게 약속이나 원칙을 지키지 않는 모든 사람에 대한 분노가 어마어마했다.

예를 들자면 이런 경우들이다. 8차선 대로변에서 횡단보도를 건너려고 신호를 기다리고 있었다. 차 한 대가 어떻게든 조금이라도 더 빨리 가려고 꼬리잡기를 시도하다가, 결국 신호에 걸려 횡단보도 한복판에 떡 하니 멈춰서 있게 되었다. 그 바람에 양쪽에서 길을 건너기 위해 몰려오는 수많은 사람들이 이 차를 피해서 불편하게 가야 하는 상황이 펼쳐졌다. 나는 이런 상황을 만든 운전자에 대해서 엄청난 분노와 짜증, 경멸하는 감정을 느꼈다. '어떻게 저렇게 자기밖에 모를 수가 있지?' 도대체 어떻게 생겨 먹은 인간인지 그 운전자의 면상을 보고 싶었다. 그래서 차 앞을 지나가면서 내가 지을 수 있는 최대한 무서운 표정으로 살기등등하게 그 사람을 노려보았다. 사실 할 수만 있다면 그 차를 발로 차고 싶었다. 아니, 도끼를 들고 보닛 위로 올라가서 앞 유리를 사정없이 부숴버리고 싶었다. '질서를 지키지 않는 넌 인간도 아니야. 너 같은 건 벌을 받아야 해!' 이런 상상을 하노라면 나도 모르게 주먹 쥔 손에 땀이 찰 정도였다. 나는 누군지도 모르는 그 운전자를 증오했으며, 잔인하게 처벌하고 싶은 속마음을 간신히 억누르느라 에너지를 너무 많이 써서 길을 건너오자마자 순식간에 몸이 피곤해질 정도였다.

조용한 버스 안에서 큰 소리로 통화하는 사람, 일요일마다 교회 앞 2차선 도로까지 차량을 세워 일대를 싹 점령해버리는 사람들, 정해진 강의 시간을 지키지 않고 자기 멋대로 일찍 끝내버리는 강사, 길거리에 함부로 침을 뱉는 사람, 공공장소에서 남들이

야 어떻든 자기들끼리 신나서 시끄럽게 웃고 떠드는 사람들, 여행
지에 가서 바위나 나무에 이름을 새기는 사람들, 들어가지 말라고
팻말까지 붙여놓은 잔디밭에 굳이 들어가는 사람들, 극장에서 영
화를 보다가 옆 사람이랑 대화를 하는 사람들…. 이렇게 원칙을 지
키지 않는 모든 사람들이 나를 미치게 만들었다. 함께 살아가는
사회에 속한 사람이라면 누구나 당연히 지켜야 하는 기본 예의마
저 지키지 않는 그들의 사정 따위는 알고 싶지도, 이해하고 싶지
도 않았다. 그저 그들이 사회에서 없어져버리기만을 바랐다. 나는
극소수의 정상인이었고, 그들은 절대 다수의 미친 사람들이었다.

　　그중에서도 약속 시간에 늦는 사람들을 가장 미워했다. 물론
겉으로는 싫은 티를 전혀 내지 않았다. 오히려 이해하는 척, 관대
한 척했지만 속에서는 이미 그 사람에 대한 신뢰가 바닥으로 떨어
진 후였다. 앞으로 저 사람과는 상종도 하지 말아야겠다고 마음속
에서 선을 그어버렸다. 심지어 약속 시간 하나도 제대로 지킬 수
없는 사람이 뭔들 제대로 해낼 수 있겠냐고 생각하며 그 사람의
미래에 대한 가능성 자체를 폄하해버렸다. 약속 시간에 딱 한 번
늦었다는 이유로 그 사람을 내 삶에서 완전히 배제해버린 것이다.
왜냐하면 나는 약속 시간을 지키기 위해 엄청나게 노력을 많이 하
기 때문이다. 최소한 30분 정도는 일찍 가서 대기하고 있는 편이
다. 삶에는 언제나 변수가 있는 법이므로, 만에 하나 늦을 수도 있
는 변수까지 미리 고려해서 더 일찍 나가는 것이다. 또 너무 일찍
가면 상대방이 불편해할까 봐 약속 시간 정각이 되기 전까지는 근

처를 돌아다니며 동네 구경을 하거나 맛집 위치를 확인하면서 시간을 보내다가 1분 전쯤에 딱 나타났다.

　　그런 생활에 익숙해 있던 탓에 나와의 약속에 늦은 상대방에게 말하고 싶었던 내 속마음은 이랬다. '약속을 지키기 위해 노력하는 거 결코 쉬운 일 아니거든? 그래도 나는 어떻게든 약속을 지키기 위해서 내 욕구 따위는 버리고 일찌감치 준비하는 노력을 했는데, 너는 어떻게 아무렇지도 않게 늦게 나타날 수가 있는 거지? 너를 기다리느라 허비한 내 시간과 에너지 따위는 소중하지 않다는 거야? 설령 늦을 수밖에 없었던 어떤 절실한 이유가 있었다 해도, 그건 그저 핑계일 뿐이야. 넌 무슨 일이 있어도 어떻게든 시간에 맞춰서 와야 했어. 그게 나에 대한 예의야. 너는 지금 나를 무시한 거고 나를 우습게 본 거야.' 그런데 만약에 늦게 온 주제에 "넌 뭐 그런 별일도 아닌 걸로 화를 내냐?" 하고 말하는 사람이 있다면? 그 사람과는 그날로 절교다.

　　사정이 이렇다 보니 일단 나부터 무슨 일이 있어도 약속을 지키는 사람이 되어야만 했다. 변명은 통하지 않았다. 다른 사람은 다 늦어도 난 절대로 늦어선 안 되었다. 난 그럴 수가 없었다. 나의 잣대는 한 치의 오차도 허락하지 않을 정도로 가혹한 것이었고, 그건 나와 타인 모두에게 엄격하게 적용되었다. 나는 시간이 지날수록 세상의 모든 약속과 원칙들을 지키느라, 또 그 약속과 원칙을 지키지 않는 사람들을 향해 분노하느라 완전히 진이 빠졌다. 엄청나게 빡빡하게 사는 것도, 계속 분노하는 것도, 둘 다 너무 피곤한 일이었다. 나에겐 다양한 가능성을 이해해줄 만한 여력이 없었다. '오죽하면 저럴까?' 하고 감안해주는 마음도 없었다. 세상은 오직 좋은 사람과 나쁜 사람 두 종류뿐이었고, 나는 그 어떤 경우에도 언제나 선한 사람, 올바른 사람, 좋은 사람 쪽에 있어야 했다. 이렇게 하나의 잣대로 모든 것을 판단하는 순간 오류에 빠진다는 것을 깨닫기까지 나 또한 오랜 시간이 걸렸다.

타인과의 관계,
잘 지내거나 절교하거나

극단적인 사고는 관계를 망치기 쉽다. 내가 글쓰기 수업을 듣던 시절에 있었던 일이다. 매주 주어진 주제에 맞춰서 온라인 카페에 과제 글을 써서 올리면, 다른 수강생들이 읽고서 댓글을 달아주는 시스템으로 진행되고 있었다. 나는 그 수업과 글쓰기 과제를 무척 좋아했다. 그런데 한번은 공휴일이 끼는 바람에 한 주 쉬어가는 날이 생겼다. 그때까지 매주 같은 날 글을 올리는 게 습관이 된 나는 과제가 없으니까 뭔가 허전하고 심심한 느낌이 들었다. 그래서 해야 하는 숙제가 없었음에도 불구하고, 내 마음대로 주제를 정해서 글을 한 편 써서 올렸다. 그랬더니 다른 수강생들이 '역시 모범생이다, 어떻게 이런 생각을 했느냐, 정말 대단하다'라는 댓글들을 달아주었다. 기분이 좋고 뿌듯했다. 잠시 후 댓글이 또 하나 달렸다는 표시가 떴기에 설레는 마음으로 확인하러 게 시판에 들어갔다. 50대 후반의 최 모 아저씨가 쓴 댓글이었다. '심심하면 공부하든지 아니면 잠이나 주무시면 되지 세상이 그렇게 할 일 없고 유유자적하세요? 하루가 어떻게 가는지 몰라 시간을 매달아 놓거나 세 배 정도로 늘렸으면 좋겠는데!'

나는 멍하게 모니터를 응시했다. 이상하게 마음이 차분해졌다. 그보다 마음이 차갑게 식는다, 또는 마음이 가라앉는다고 하는 편이 더 정확했다. 위험한 징조였다. 그 댓글을 보자마자 '지금까지 카페에 올렸던 내 글과 댓글들을 모두 삭제해야겠다'는 생각부터 들었다. 다음으로 '그 글들을 다 지우고 나면 카페를 탈퇴해야겠다'는 생각이 들었다. 그리고 마지막으로 '이제 수업도 그만 나가야겠다'고 생각했다. 여기까지 생각이 미치는 데 채 3초도 안 걸렸던 것 같다. 마우스 커서는 이미 삭제 버튼 위에 올려져 있었다. 나는 나에게 모욕감을 주는 말, 내 선한 의도를 오해하는 말, 내 자존심을 건드리는 말을 들으면 그곳이 어떤 곳이든 얼마나 중요한 기회든 얼마나 소중한 사람이든 상관없이 무조건 다 포기하고 인연을 끊었다. 나에게 상처를 준 당사자들에게 직접 화풀이를 하거나 싸울 용기는 없고 그 분노를 모두 내 안으로 끌어들여 자기 파괴를 반복하곤 했다. 내가 화가 났다는 걸 그렇게 시위하듯이 보여주고 싶었다. 나를 파괴함으로써 그들을 벌주는 것이었다.

나처럼 이분법적 사고를 갖고 있는 사람은 일명, '절교의 달인'이 되기 쉽다. 평소엔 너무나 잘 지내다가도 한번 기분이 상하거나 수가 틀리는 상황이 생기면 바로 절교를 해버리기 때문이다.

실제로 나는 지금까지 '절교의 역사'라고 정리할 수 있을 정도로 많은 사람들과 연을 끊어왔다. 위의 사례에서도 말했듯이 함께 알고 지낸 시간이 1년이든 10년이든 중요하지 않았다. 중요한 건 내 이미지에 흠집이 나는 것이었다. 난 언제나 좋은 사람이어야 하는데 누군가 나에 대해 오해하거나, 내가 뭔가를 잘못한 거라 말하거나, 나를 조금이라도 무시하는 상황이 생기면 나는 분노를 참지 못하고 곧바로 절교 모드에 돌입했다.

'절교 모드'란 상대방의 휴대전화 번호를 차단한 다음에 삭제하기, 또는 내 휴대전화 번호 바꾸기, 함께 활동했던 온라인 카페나 블로그, 단톡방 등에서 내가 올린 모든 글과 댓글들을 삭제하고 탈퇴하기, 메일이나 메신저도 차단하기 등이다. 한마디로 나와 접촉할 수 있는 모든 가능성을 차단해버리는 것이다. 나라는 사람의 존재를 그 사람의 인생에서 지워버리기, 나는 이것이 그 사람에게 벌을 주는 것이라고 생각했다. 왜? 나는 좋은 사람이니까. 좋은 사람 한 명 얻기가 얼마나 힘든데 그것도 모르고 '감히' 나를 의심하고 내가 나쁘다고 말했으니 나를 잃는 대가를 치르게 해주겠다는 의도였다. (물론 그 사람은 한마디 말도 없이 갑자기 연락이 끊긴 것에 대해 그저 의아해할 뿐이겠지만. 또는 끊긴 것조차 모를 수도 있겠고.)

절교 모드를 가동한 후에는 철저하게 자기 합리화 작업이 이루어졌다. '난 잘못한 게 아무것도 없어. 나를 모함한 상대방이 이상한 거야.' 이 논리에 기반해서 그 사람이 그동안 나에게 서운하

게 했던 모든 것들을 끄집어 올렸다. 오랜 시간 함께하다 보면 상
처받고 서운했던 점들이 없을 순 없다. 서로 아무리 좋아하고 친
했다 하더라도 상대방의 흠을 잡아내는 것은 그리 어렵지 않았다.
그 사람의 약점과 실수들, 성격적 결함들을 떠올리다 보면 그 사
람은 자연스럽게 천하의 나쁜 사람으로 자리매김하고 내 기분은
점점 더 나아졌다. '그래, 난 잘못한 게 없어. 난 억울한 피해자일
뿐이야. 나쁜 건 그 사람이야.'

　　그렇게 수많은 인연들을 끊어낼수록 나는 계속해서 억울한
피해자가 된 불쌍한 케이스로 남을 수 있었지만, 동시에 "왜 너의
주변에는 그렇게 이상하고 나쁜 사람이 많냐?"는 질문을 받아야
했다. 번아웃이 되기 전에는 나도 이게 정말 궁금했었다. '왜 나한
테만 이렇게 절교해야 하는 일들이 많이 생기는 걸까?' 하고 말이
다. 하지만 이제는 답을 알고 있다. 내가 지독한 이분법적 사고 속
에서 단 한 번의 오해도 견뎌내질 못했던 것이다. 그래서 단 한 번
의 실수에도 사람들을 다 쳐내버렸고, 그다음엔 내가 잘못을 했을
수도 있다는 것을 인정하기 싫어서 그들을 다 나쁜 사람으로 몰아
버린 것이었다. 그 결과 나는 고립과 외로움이라는 대가를 치러야
했고, 새로운 사람을 만나게 될 때조차 이 사람도 또 나에 대해 잘
못 생각하거나 오해할지 모른다는 염려부터 해야 했다. 그런 걱정
을 하다 보면 정말로 그런 일이 생기기도 했다.

　　서로를 100퍼센트 온전하게 믿으며 의견 차이도 없이 만날 때
는 즐겁게 잘 지내고 아니면 절교하는 두 가지 경우의 수밖에 없

다 보니 친구 관계에서도 늘 긴장 속에 지낼 수밖에 없었다. 행여라도 피차 오해할 일을 만들지 않기 위해서, 싸움이 될 만한 빌미를 만들지 않기 위해서 친구들에게 최대한 맞춰주어야 했다. 하기 싫어도 해주고, 듣기 싫어도 들어주고, 먹기 싫어도 먹어주고. 그렇게 친구 관계를 완벽하게 유지하기 위해 필사의 노력을 다하다가도 어느 날 나의 완벽한 노력에 상처를 내는 아주 작고 사소한 오해나 문제라도 생기는 날엔 한 치의 망설임도 없이 곧바로 절교!

　솔직히 절교 모드를 작동시키는 그 순간엔 이토록 냉정하고 에누리 없고 무섭기까지 한 내 자신이 쿨하고 멋지게 느껴질 때도 있었다. 그동안 친구들이랑 잘 지내기 위해서 눈치 보고, 온갖 애를 쓰며 참았던 것에 대해 복수의 주먹을 한 방 날리는 것처럼 느껴지기도 했다. 날 만만하게 대한 것에 대해 후회하게 만들어주고 싶었고, 내 빈 자리가 아주 크게 느껴지길 원했다. 또 그들이 날 찾아와 잘못했다고 애걸복걸하는 모습을 상상하기도 했다. 결국 나는 그들에게 내가 얼마나 중요한 사람인지를 확인받고 싶어서 절교를 한 셈이었다. 하지만 안타깝게도 그런 일은 일어나지 않았다. 친구들은 작정하고 사라진 나를 찾지 못했고, 너무나 갑작스럽고 단호한 절교에 상처를 입었다. 내가 솔직한 마음을 한 번도 내비친 적이 없다는 사실에 배신감을 느낀 친구들도 있었다.

　그렇게 절교 선언을 남발할 때 느낀 짧은 쾌감이 사라지고 정신이 돌아오면 '내가 무슨 짓을 한 거지?' 하는 후회가 몰려왔다.

결국 이렇게 될 거였으면 애초에 뭐 하러 그렇게 완벽한 관계를 위해서 애를 썼나 싶을 정도로 허무했다. 나는 친구 같은 아주 친밀한 인간관계에서조차 그렇게 극과 극의 널뛰기를 하면서 계속 지쳐갔던 것이다.

사람 사이의 거리,
늘 혼자 있거나 늘 함께 있거나

사람은 누구나 개별성과 연합성을 가지고 있다. '개별성'은 쉽게 말하자면 혼자 있고 싶은 마음이고, '연합성'은 함께 있고 싶은 마음이다. 개인적으로 정도의 차이는 있겠지만 사람들의 마음속에는 이 두 가지가 공존한다. 둘 중에 하나만 가지고 있는 사람은 없다. 그렇기 때문에 우리는 남들과 있을 때 혼자의 시간을 그리워하고, 남들 없이 혼자만 있을 때는 또 허전한 것이다. 가장 이상적인 것은 두 가지가 어느 정도씩 채워져 있는 것이다. 가장 병적인 것은 두 가지 중 한쪽으로만 치우치는 것이다. 개별성만 과도하게 추구해서 다른 사람들과 전혀 어울리지 못하는 사람도 위험하고, 연합성만 과도하게 추구해서 절대로 혼자 있을 수 없는 사람도 위험하다. 그래서 적정 지점을 찾아야 하는데 그게 참 쉽지 않다.

아주 개인적인 차원에서 개별성과 연합성을 이해하려면 사람과 사람 사이의 적정 거리, 사적 경계선에 대해 생각해보면 된다. 사람과 사람 사이에 적당한 거리 없이 너무 딱 붙어 있다가는 피차 심리적 독립성을 갖추지 못하는 바람에 건강하지 못한 관계로 변질되기 마련이다. 반면에 사람과 사람 사이의 거리가 너무 멀어도 서로의 온기를 느낄 수 없어서 외로움과 고독 속에 메말라버리기 쉽다. 그러다 보니 우리는 '가까이, 그러나 너무 가까이는 말고' 또는 '멀리, 그러나 너무 멀리는 말고' 사이에서 매일 줄다리기 중이다. 물론 이 말 자체가 굉장히 애매하다. 더 큰 문제는 사람마다 원하는 거리가 다 다르다는 것이다.

나는 사람과의 관계에 있어서 초면에 '훅' 들어가는 스타일이었다. 낯선 사람과도 쉽게 말을 섞을 수 있고, 편하고 친근한 태도로 대하고, 속에 있는 말도 잘 꺼내는 편이기 때문에 코드만 제대로 맞으면 한 번의 만남으로도 10년 지기처럼 친해질 수 있는 성격이었다. 하지만 원래부터 사교성을 타고났기 때문만은 아니었다. 나는 사람들이 어색한 분위기로 아무 말도 없이 서로 눈치만 보는 상태를 유독 견디기 힘들어했다. 그 침묵과 무거움을 도저히 감당할 자신이 없어서 차라리 나를 희생해서라도 분위기를 어떻게든 바꿔보려고 무진장 애를 썼다. 혼자 소외되어 있는 사람을 발견하면 먼저 다가가 말을 건넸고 나 스스로를 웃음거리로 삼는 농담을 해서라도 웃음을 유발했다. 정말 말도 안 되는 이상한 생각이지만, 분위기가 가라앉아 있으면 왠지 그게 다 나 때문인 것처럼 느껴졌다.

그런 나를 부담스러워했던 사람들도 많았다. 내가 먼저 인사를 하면서 다가가 친한 척을 하면 오히려 얼굴이 더 굳어지면서 불편해하는 사람들도 있었다. 또 별로 친하지도 않으면서 내가 가슴속에 있는 이야기를 아무렇지도 않게 꺼내놓으면 매우 당혹스러워하면서 자기 앞에서 그런 말은 하지 말았으면 좋겠다고 대놓고 말한 사람도 있었다. 그런 얘기를 들으면 왠지 자기도 그에 상응하는 속 이야기를 꺼내야만 할 것 같은 압박을 느끼기 때문이라고 했다. 그러면서 나를 피하는 것도 모자라 가볍고 실없는 사람으로 평가하기도 했다. 이런 사람들을 만나면 나는 너무 머쓱해진 나머지 마음에 상처를 입고, 그다음부터는 그 사람과 저절로 거리를 두게 되었다.

하지만 반대로 첫 만남에서부터 나랑 죽이 잘 맞아서 급속도로 친해진 사람들 중에는 애정이 너무 넘치는 나머지, 나의 사적 경계 따위는 무시하고 나의 모든 것에 대해 다 알고 싶어 하는 사람들도 있었다. 그들은 내가 하루종일 어디 가서 누구를 만나 뭘 했는지, 일거수일투족을 꼬치꼬치 캐물었으며, 시도 때도 없이 전화를 했고, 거의 모든 일을 나와 함께하려고 들었다. 그리고 내가 사정 설명을 하며 거절하기라도 하면 금방 섭섭해하고 나중엔 오히려 원망까지 했다. 지나친 관심과 애정, 우정과 사랑에 질식할 수도 있다는 걸 그때 알게 되었다. 이번엔 거꾸로 내가 불에 데어 놀란 아이처럼 그들로부터 거리를 두게 되었다.

사람의 뜨거움과 차가움에 놀라다 보니 점점 사람을 두려워하는 마음이 생겼다. 그래서 내가 나를 지킬 수 있는 적당한 경계부터 세우고, 남들에게 마구잡이로 휘둘리지 않을 만큼의 거리를 확보해야 했다. 그러려면 나부터 내가 원하는 게 뭔지 더 정확하게 알아야만 했다. 나는 연합성과 개별성 중에 어느 쪽을 더 중요시하는 사람인가? 나는 어느 쪽이 부족한 것을 더 힘들어하는 성향인가? 나에게 있어서 연합성과 개별성의 적절한 비율은 어느 정도인가?

중요한 건 오직 내 기준이다. 어차피 각자의 사적 경계선이 다 다르기 때문에 일괄적으로 맞춰주는 건 불가능하다. 내가 똑같은 행동을 해도 어떤 사람은 서운해할 것이고 어떤 사람은 부담스러워할 것이기 때문이다. 그러니까 나는 사람과의 적정 거리에 대해 내가 원하는 기준만 확실히 갖고 있으면 되고, 기회가 될 때 상대방에게 그걸 분명하게 알려주면 되는 것이다. 다만 사회생활에서는 그것을 드러내는 것이 1:1의 사적인 관계에서보다 조금 더 어려울 수는 있다.

사회적인 차원에서도 연합성이 지나치게 강조되는 문화 속에 노출되어 있으면 숨이 막힌다. 그런 사람들이 잘 쓰는 구호 중에 하나가 바로 '우리는 하나!'다. 한마음, 한뜻을 중시하는 문화 속에 있게 되면 개인의 차이는 쉽게 무시되곤 한다. 그저 무시되는 것을 넘어서 차이를 드러내는 것이 전체 화합을 저해하는 위협으로 여겨지기도 한다. 회식을 할 때 전체 직원이 무조건 전부 참여해야만 단합이 제대로 이루어진 것이라고 생각하는 회사는 위험하다.

　개별성을 전혀 존중하지 않는 회사는 독재 체제나 다를 바 없다. 개개인의 사정이나, 특수한 상황을 고려하는 융통성이 전혀 없는 곳은 지독한 이분법적 사고에 매여 있는 곳이다. 참석하면 충성하는 사람, 불참하면 반항하는 사람. 단 하나라도 전체와 동질적이지 않으면 곧바로 문제 있는 이질적인 존재로 매도하면서 '튄다', '나댄다', '까분다' 등의 부정적인 언사를 쓰는 것을 주저하지 않는다. 이런 곳에서 개인의 자유는 너무도 쉽게 그 의미를 잃고 만다.

　반면에 개별성만 너무 강조하는 곳도 문제가 있긴 마찬가지다. 개인의 자유를 최대한 존중하는 분위기를 추구한다는 명목하에 각자 맡은 일만 하고 서로 교류가 전혀 없는 곳은 쓸쓸하기 짝이 없다. 제일 신기한 것은 자신은 혼자 있는 것이 좋다고, 뭐든 혼자 하는 게 편하다고 말하는 사람들의 마음속에도 '연합성'에 대한 갈망이 항상 존재한다는 사실이다. 그들은 인간관계에서 오는 스트레스를 피하기 위해 아예 사람 자체를 피해버리는 회피 성향이 있다. 그 결과 남는 것은 외로움과 쓸쓸함과 공허감이다. 실제로 사람들이 SNS에 올리는 사진들을 보면 가장 행복하고 즐거웠던 순간에는 다른 사람들과 함께였던 때가 많다는 것을 알 수 있다. 우리가 누군가와 함께할 때 즐거움이 배가 되는 것은 명백한 사실이다. 사람은 결코 혼자서는 살 수 없는 존재다. 좋든 싫든 관

계를 맺으면서 살 수밖에 없고, 실제로 다른 사람과 연대를 해야
만 사회 속에서 생존 가능성이 더 높아지는 것도 사실이다. 타인
과의 관계는 분명 삶의 안전망 역할을 해준다.

개별성과 연합성은 무엇보다 내 기준과 필요에 따라 조절할
수 있어야 한다. 혼자 있고 싶을 땐 혼자 있기를 선택할 수 있고,
여럿이 함께 있을 때는 어울릴 수도 있어야 한다는 말이다. 혼자
선 불안해서 아무것도 못 하거나 사람을 피해 은둔하는 형태는 건
강하지 않다. 혼자서도 괜찮고, 함께 있어도 괜찮을 수 있어야 한
다. 그런 사람들이 더 행복하다. 양쪽의 유익을 다 누릴 수 있기 때
문이다. 누구나 지나치게 가까워지면 멀어지고 싶고, 너무 멀리
떨어져 있으면 다시 가까워지고 싶은 게 인지상정이다. 우리 모두
가 자기만의 분명한 기준을 가지고 양 극단 사이를 자유롭게 오
가는 조절력을 가진 사람들이 될 수 있으면 더없이 좋을 것이다.

규칙과 틀,
거부하거나 따르거나

앞에서 개별성과 연합성에 대해 말하면서 개별성을 인정해주지 않는 회사나 단체를 예로 들었다. 가족의 경우에도 마찬가지다. 가족이기 때문에, 가족 행사에는 모든 가족 구성원이 한 명도 빠지지 말고 무조건 다 같이 함께해야 한다고 생각한다면, 숨이 막히긴 매한가지다. 가족 내에는 암묵적인 규칙들이 많이 존재한다. 어떤 가족은 그걸 가훈으로 써서 붙여놓기도 하지만 대부분의 가족들은 함께 살면서 그런 규칙들을 저절로 습득하게 된다.

R의 집에는 '잠은 무조건 집에서 자야 한다'는 가족 규칙이 있었다. '무조건'이라는 단어에서 알 수 있듯이, R의 부모는 일체의 다른 가능성을 허용하지 않았다. 이 규칙을 지키지 않으면 반항아, 불효자, 가족의 평화를 파괴하고 불안을 불러일으키는 원흉이 되었다. 하지만 현실적으로 집에서 잠을 자지 못하는 경우는 너무

도 많았다. 수학여행이나 MT, 워크숍이나 출장, 심지어 여행을 가더라도 다른 곳에서 자야 한다. 이런 일들이 생길 때마다 R은 부모님을 설득하느라 진땀을 빼야 했다. 아무리 설명을 해도 부모님은 "꼭 가야만 하느냐? 아무리 그래도 잠은 집에 와서 자고 다시 갈 수도 있지 않느냐?"며 좀처럼 이해를 하지 못했다. 그때마다 R은 가슴이 터질 것처럼 답답했고, 그저 빨리 독립해서 집을 나가야겠다는 생각만 더 굳힐 뿐이었다.

가족 규칙이란 건 원래 가족 전체의 안위와 가족 구성원들의 행복을 위해 정해진 최소한의 마지노선이 되어야 하는데, 오히려 그로 인해 삶이 더 불편하고 곤란하고 번거로워진다면? 그것이 누구를 위한, 무엇을 위한 규칙인지를 다시 생각해봐야 한다.

우리 내면에는 나도 모르게 내재되어 있는 수많은 규칙들이 존재한다. 그중에는 부모나 가족처럼 자신이 믿고 따르는 사람들을 통해 주입된 규칙들도 있다. 학교에서 선생님에게 강요받은 것도 있고, 사회와 문화 속에서 살아가면서 눈치로 깨우치게 된 것들도 있다. 혹은 아무도 시킨 사람이 없는데도, 자기 스스로에게 부과한 규칙일 수도 있다. 이런 규칙들은 흔히 '이건 이래야만 해. 저건 저래서는 안 돼'의 형식을 띄게 된다. 규칙이란 일단 도덕률의 탈을 쓰고 있기 때문에 당연히 지켜야만 하는 무언가로 받아들여지기 쉽다. 그러다 보니 규칙을 지키는 사람은 좋은 사람, 규칙을 지키지 않는 사람은 나쁜 사람이 되어버린다. 그래서 착하고 좋은 사람이려는 의지가 강할수록 이런 규칙들에 더 얽매이게 되고, 소위 '틀이 많은 사람'이 되기 쉽다. 아마 당신 주변에도 이처럼 틀이 많고 융통성 없고 답답한 사람들이 있을 것이다.

　그런데 문제는 이런 규칙과 틀이라는 것이 모든 사람에게 공통적으로 적용되지 않는다는 점이다. 그 규칙과 틀을 고수하는 당사자는 당연히 모두가 지켜야 하는 것이라고 생각하겠지만, 사실 그건 '자기만의 생각, 자기만의 규칙'인 경우가 대부분이다. 다른 사람들은 그런 규칙에 전혀 동의하지 않을 수도 있고, 그런 규칙은 아예 들어본 적이 없을 수도 있다. 그럼에도 불구하고 자기만의 규칙을 남한테도 지키라고 강요하면 어떻게 될까?

　여기 두 사람이 있다. 두 사람은 옷 입는 스타일이 극과 극이다. 한 사람은 깔끔하게 재단이 잘 되어 핏이 딱 떨어지는 옷을 좋아한다. 다른 한 사람은 넉넉하고 움직이기 편한 옷을 좋아한다. 이건 그냥 개인의 취향과 옷에 대한 선호도의 차이일 뿐이다. 둘 중 누가 맞고 누가 틀린 사안이 절대 아니다. 그냥 서로 다른 거다. 그런데 만약에 첫 번째 사람이 '사람은 옷을 최대한 깔끔하게 입어야 해'라는 자기 규칙을 가지고 있다고 생각해보자. 혹은 여기서 더 나아가 '모든 사람은 옷을 단정하게 입어야 예의 바른 거야'라고 생각하는 사람이라면? 그럼 이 사람의 눈에는 헐렁하고 편한 옷만 입는 두 번째 사람이 못마땅하게 보일 것이다. 그의 눈에 두 번째 사람은 곧바로 '예의 없는 사람, 칠칠맞은 사람, 사회 부적응자'가 되어 자연스럽게 고쳐주고 싶다는 마음이 들게 된다. 첫 번째 사람의 성격이 직설적이라면 "넌 왜 옷을 그렇게(그 따위로)

입고 다녀?"라고 말할 것이고, 부드러운 성격이라면 조심스럽게 "넌 편한 옷을 좋아하나 보다. 근데 이 옷은 좀 너무 편해 보이지 않아?"라고 말할지도 모르겠다.

　지켜야 할 규칙을 많이 가지고 있는 사람, 그리고 그 규칙은 꼭 지켜야 한다고 믿는 사람의 눈에는 규칙을 지키지 않는 수많은 사람들이 다 못마땅할 것이다. 또 참을 수 없이 화가 나고, 싫은 소리 해가면서 일일이 다 고치려니 짜증이 날 수밖에 없다. 반면에 그걸 당하는 사람 입장에서는 그저 어이가 없을 따름이다. 그것은 서로의 경계를 함부로 침범하는 일이기 때문이다. 하지만 그 사람의 생각 속에서는 자기가 맞고, 상대방은 틀리기 때문에 자기가 이렇게 요구하는 것을 심지어 당연한 것으로 여긴다. 마치 세상을 바로잡고, 정의를 수호하는 것처럼 당당하게 말한다. "이게 다 너를 위해서 그러는 거야. 너 잘되라고!" 이 또한 우리가 계속 말하고 있는 이분법적 사고가 뿌리 깊게 깔려 있는 방식이다.

　아침에는 일찍 일어나야 한다, 부모에게는 무조건 순종해야 한다, 선생님 말씀을 잘 들어야 한다, 노인에게 자리를 양보해야 한다, 착한 사람이 좋은 사람이다, 싸움은 나쁜 것이다, 결혼할 땐 집안이 비슷해야 한다, 튀면 안 된다, 모난 돌이 정 맞는다…. 우리 안에는 이처럼 수많은 정체불명의 규칙들이 잔뜩 들어 있다. 언뜻 보면 다 맞는 말이고 좋은 말인 것 같기도 하지만, 사실은 전혀 검증이 되지 않은 '~카더라' 식의 말들도 많다. 어렸을 때는 나를 사랑해주는 엄마, 아빠가 최고인 데다 나보다 키도 크고 힘도 센 어른들의 말은 무조건 다 맞다고 생각하기 쉽다. 하지만 이미 어른이 된 지금도 그런 규칙들에 대해 일말의 의구심도 가지지 않고, 그 말만이 유일한 진리인 것처럼 믿고 있다면 정말 큰일이 아닐 수 없다.

　이제는 나의 행복과 자유를 옥죄고 있는 이런 수많은 틀과 규칙들의 리스트를 작성해서 하나하나 따져볼 필요가 있다. 나는 어쩌다 이런 규칙들을 받아들이게 되었는지, 누가 이런 규칙들을 나에게 강요했었는지, 상대방에겐 이런 규칙들이 왜 그렇게 중요했는지, 그리고 이 규칙들이 지금 내 삶을 얼마나 구속하고 있는지를 말이다. 그렇게 하나하나 따져 보니 내가 고집해온 규칙들이 항상 진실도 아닌 데다 더 이상 내 삶에서 효율적이지도 않다면 거기서 벗어나려는 용기를 내야 한다.

내 모습 그대로,
다 받아주든지 떠나든지

2009년에 나는 뮤지컬 〈룸메이트〉라는 작품을 하면서 이런 노래 가사를 쓴 적이 있었다. 제목은 〈내 모습 그대로〉인데, 그중 일부를 소개하려 한다.

언젠가 어디에선가
나를 사랑해줄 그 한 사람을 만나게 된다면
난 내 모습 그대로이길 원해 내 모습 그대로
화장 안 한 맨 얼굴에
늘상 입는 청바지에
도수 높은 안경을 낀
그런 모습이길 원해

(중략)

내가 아름답지 않아도 예쁘게 봐주고

뛰어나지 않아도 무시하지 않고

못났기 때문에 약하기 때문에

외롭기 때문에 사랑해주길 원해

완벽하지 않은 내 모습 그대로 내 모습 그대로

사랑받고 싶어

이 가사는 평소의 내 신념을 그대로 가사에 녹여낸 경우였다. 나는 진짜 사랑이라면 그 사람의 모습 그대로를 사랑해줄 수 있어야 한다고 굳게 믿고 있었다. 그렇기 때문에 나는 소개팅을 하러 갈 때도 상대에게 잘 보이기 위해서 평소와 다르게 꾸며서는 절대 안 된다는 이상한 신념을 가지고 있었다. 왜냐하면 내 본 모습 그대로를 사랑해주는 사람만이 진짜고, 내가 꾸민 예쁜 모습을 사랑해주는 사람은 내 본 모습을 보면 나를 싫어하게 될 가짜라고 생각했기 때문이다. 예전엔 이게 맞다고 생각했다. 그런데 10년이 지난 오늘, 이 가사를 다시 보면서 나의 극단적인 이분법적 사고와 그로 인한 잘못된 신념이 반영된 것임을 알게 되었다. 그것이 어떤 것이었는지 말하기에 앞서 내 삶의 방식, 내가 가진 생각만을 일방적으로 고집하는 사례들을 몇 가지 살펴보도록 하겠다.

  결혼을 앞둔 예비 부부 혹은 결혼을 생각하고 있는 연인들 중 각자의 원래 생활을 고수하고 싶어서 부딪히는 경우가 많다. 싱글로 사는 동안 평생 가져온 자신의 습관과 태도, 생활 방식 등을 웬만해서는 바꾸고 싶어 하지 않기 때문이다. 그냥 그 상태 그대로 유지하면서 자신이 사랑하는 사람과 함께 사는 행복 하나만 추가하고 싶어 한다. 이미 결혼한 사람들은 그게 불가능한 일이라는 것을 경험상 알고 있지만, 실제로 이렇게 생각하는 젊은 사람들이 꽤 많다. 또 그들은 상대방을 있는 그대로 받아주는 것이 바로 진짜 사랑이라고 믿는다. 실제로 그중 일부는 결혼한 이후에도 정말 이렇게 살기도 한다. 다만 그런 태도가 현실에서 수많은 문제를 일으킬 뿐.

  P는 혼자 있는 것을 좋아한다. 자기 방에서 취미 생활을 즐기며, 아무에게도 방해받지 않고 자유롭게 살아왔다. 하지만 나이가 점점 차오르면서 부모님과 친척들이 결혼해야 하지 않겠냐는 압박을 가하기 시작했다. 사실 P는 본인도 남들이 하는 건 다 하고 살아야 한다는 생각을 갖고 있었기 때문에 부모님이 원하시는 대로 선을 보기로 했다. 단 상대는 자신의 고유한 생활 습관을 이해해주고, 귀찮게 질척거리지 않으며, 아내로서의 역할만 다 하는 '착한' 여자여야 한다고 생각했다. 결국 그는 자신의 바람처럼 순하고 순종적일 것 같은 여자를 만났고, 결혼에 성공했다. 문제는 그때부터였다. P는 결혼 후에도 싱글 때와 똑같은 생활을 유지했다. 달라진 것이라곤 그의 집에서 아내가 같이 살 뿐이었다. 아내

는 P의 닫힌 방문 앞에서 하루하루 시들어갔다.

　　이와 비슷한 문제의 사례는 또 있다. 남자 친구가 자신의 모든 것을 사랑해준다고 믿었던 J의 이야기다. 남자친구는 J에게 자신의 사소한 습관과 버릇부터 세상에 대해 갖는 가치관까지 모든 면에서 전적으로 이해받는 느낌이 들도록 해주었다. 그가 자신의 귀에 "너의 모든 것을 사랑해!"라고 속삭일 때면, 그보다 더한 행복은 어디에도 없을 것만 같았다. 하지만 결혼하고 난 후엔 모든 것이 변하고 말았다. 이제는 남편이 된 남자 친구는 그녀의 사소한 습관에도 시비를 걸었고, 당연하다는 듯 자신이 원하는 대로 행동해줄 것을 요구했다. 결혼의 의미가 마치 상대방을 자기 마음대로 바꿀 권리를 취득한 것인 양 말이다. J는 자신이 속았다는 생각에 엄청난 배신감을 느꼈고, 이런 삶을 계속 유지할 수 있을지 심각하게 고민하기 시작했다.

　　'사랑한다면 나를 있는 그대로 받아줘'라는 명제는 듣기에 참 좋은 말이다. 왠지 그게 사랑의 본질일 것만 같고, 그렇게 해주는 것만이 진짜 사랑일 것 같다. 하지만 입장 바꿔서 생각해보면 답은 금방 나온다. 당신은 상대방을 있는 그대로 사랑할 수 있는가? 내가 참을 수 없는 상대방의 일상 속 습관들 - 소파에 앉아서 발의 때를 문지르기, 내가 앉아 있는 쪽으로 엉덩이를 치켜들고 방귀 뀌기, 사흘 이상 머리 안 감고 버티기, 열 손가락 손톱을 피가 날 때까지 잘근잘근 씹기 등 - 까지 있는 그대로 사랑할 수 있는가? 더 나아가 나와 완전히 반대인 상대방의 가치관까지 있는 그

대로 수용할 수 있는가? 나는 동물을 사람과 똑같이 존중해야 한
다고 생각하는데, 상대방은 동물은 그저 동물에 불과할 뿐이라고
생각한다면? 나는 주말엔 당연히 가족과 함께해야 한다고 생각하
는데, 상대방은 주말이야말로 사회적 속박에서 벗어나 개인의 자
유를 만끽해야 하는 시간이라고 생각한다면? 어떤 차이라도 받아
들이고 상대방의 가치관을 지켜주기 위해 나의 가치관을 희생할
수 있는가?

- 사랑한다면 그 사람을 위해 그 어떤 것도 할 수 있어야 해.
  그게 진짜 사랑이야.
- 사랑하면 나는 없어지는 거야. 나는 그 사람과 하나가 되는
  거야.
- 나는 절대 변하지 않을 테니 네가 나한테 다 맞춰. 아니면
  사랑 따윈 없어!
- 이것까지 다 받아줄 수 없다면 그건 정말로 사랑하는 게 아
  니야!

사랑한다면 내 모든 것을 버리고 상대의 모든 것을 수용해야
한다고 생각하는 것, 사랑한다면 상대방이 내 모든 것을 있는 그
대로 인정해줘야 한다고 생각하는 것. 이게 바로 이분법적 사고
이며 현실에선 불가능한 환상에 가깝다. 실제로 사랑은 타협이다.
사랑하기에 서로 자기 것을 일정 부분 포기하고, 상대방의 것을

어느 정도 받아줄 수 있는 것이다. 사랑하기 때문에 내가 감당해야 할 변화를 인정하고 기꺼이 감수할 수도 있는 것이다. 사랑은 서로 한 발짝씩 물러나는 것이지, 전체를 다 받아주어야만 성립되는 것은 아니다.

　　다시 뮤지컬 〈룸메이트〉의 노래 가사로 돌아와 보자. 여기서도 마찬가지로 나를 사랑하려면 나의 모든 것을 통째로 인정해줘야만 한다고 강요하고 있다. 나는 하나도 바꾸지 않을 테니까 상대방이 다 받아줘야 한다고, 그래야만 사랑이라고, 다 받아줄 게 아니면 차라리 오지도 말라고, 벅벅 우기고 있었다. 이것은 어찌 보면 이성이 나를 사랑해주지 않을까봐 두려워서, 오히려 벽을 더 높게 치고 날 사랑하려면 이런 조건들을 다 수용해야 한다고 말하는 거나 마찬가지다. 이 정도 각오가 되어 있지 않다면 감히 나를 사랑한다고 말하지 말라고, 진짜 사랑이 아니면 다 거부하겠다고 말이다. 분명히 내가 쓴 가사임에도 불구하고 지금 와서 보니 이건 사랑을 해달라는 건지 사랑을 하지 말라는 건지 솔직히 잘 모르겠다.

마음 보충 수업

극과 극은 통한다

인생에 정답은 없다. 물론 정답이 있는 것처럼 보일 수는 있다. 하지만 그것이 진짜 정답은 아니다. 그저 우리가 정답이라고 대체적으로 합의한 것들이 있을 뿐이다.

서로 다른 모양의 인생

2014년에 방송했던 〈왜 우리는 대학에 가는가〉라는 EBS 프로그램의 동영상을 얼마 전에 우연히 보게 되었다. 중학교 도덕 문제라면서 객관식 문제를 하나 제시했다. "대체로 사람들의 일생에서 인생의 꿈과 행복은 언제 결정되는가?" 1번 10대, 2번 20대, 3번 30대, 4번 40대, 5번 50대. 당신은 정답이 몇 번이라고 생각하는가? 중학교 도덕 교과서에서 말하는 정답은 1번 10대였다. 당신은 인생의 꿈과 행복이 10대에 결정된다는 것에 동의할 수 있는가? 난 아니다. 10대 때 나는 꿈이 수시로 바뀌고 있었다. 그때는 내가 뭘 잘할 수 있는지조차 몰랐던 시절이기에, 좋아 보이는 게 있으면 무엇이든 해야겠다고 생각했었다. 물론 10대 때 결정되는 사람도 당연히 있을 것이다. 하지만 누군가는 20대에, 또 누군가는 50

대에, 혹자는 70대에 결정되기도 한다. 모든 사람에게 똑같이 적용되는 하나의 공통된 정답은 없다.

심리 분야에서는 어렸을 때 받은 상처는 트라우마가 되어서 평생 그 사람을 괴롭힐 수도 있다는 말을 많이 한다. 이 말도 누군가에겐 맞고, 누군가에겐 틀리다. 어떤 사람은 어린 시절의 상처에 사로잡혀 스스로 무너지지만, 어떤 사람은 그 상처를 딛고 더 높이 올라가기도 한다. 또 수많은 육아서에서 알려주는 기가 막힌 비법들도 모든 부모와 아이에게 통하는 것은 아니다. 이렇게만 하면 아이가 진정된다고 했는데 내 아이는 그렇지 않은 경우가 있다. 왜? 내 아이는 내 아이만의 독특한 성격, 히스토리, 배경이 있기 때문이다. 그래서 육아의 경우엔 세상에 하나뿐인 나와 세상에 하나뿐인 내 자식 간에만 통하는 유일한 소통법을 찾아내야 한다. 이 외에 각종 연애법, 인간관계 처세술도 마찬가지다. 이렇게만 하면 사랑을 쟁취할 수 있다고 하지만 정말 그렇게 되던가? 되는 사람도 있고 안 되는 사람도 있다. 왜? 우리는 다 다르기 때문이다.

우리가 이분법적인 사고를 하는 이유

그렇기 때문에 하나의 잣대로 모든 것을 똑같이 평가하려고 하면 반드시 많은 오류와 오해들이 생길 수밖에 없다. 예를 들어, '약속을 지키는 사람은 착하고, 약속을 지키지 않는 사람은 착하지 않다'라는 명제에 대해 생각해보자. A는 사기꾼이다. 그는 지금

사기를 치기 전 상대방을 안심시키고 믿음을 주기 위한 단계를 밟아가는 중이다. 그래서 항상 성실한 태도로 약속을 지키고, 돈을 빌렸다가 제 날짜에 정확히 갚는 과정을 반복하고 있다. 반면 B는 정말 법 없이도 살 법한 착한 사람이다. 그런데 돈을 갚기로 약속한 날 아침에 아버지가 갑자기 쓰러지셨다. 너무나 경황이 없는 나머지 송금해야 한다는 사실도 까맣게 잊고, 이리 뛰고 저리 뛰고 하다가 그만 은행 업무 시간을 넘기고 말았다. 이런 경우에도 속사정이야 어떻든 간에 A는 약속을 지켰으니 착한 사람이고, B는 약속을 어겼으니 나쁜 사람인가? 그래서 A와는 친하게 지내고, B와는 절교할 것인가? 그럼 과연 나에게 어떤 일이 벌어질까?

앞에서 나는 침 뱉는 사람을 세상에서 제일 경멸한다는 말을 한 적이 있었다. 자기 집 안방에서도 침을 뱉을 수 있다면 모를까, 그건 못 하면서 밖에 나와선 함부로 침을 뱉는다면 그건 절대 용납할 수 없는 일이라고 말이다. 어느 날, 내가 지독한 목감기에 걸려서 기침을 할 때마다 엄청난 가래가 생기던 때가 있었다. 입안 가득 가래를 물고서 어딘가에 뱉어버리고 싶은 마음이 굴뚝 같았다. 마침 갖고 다니던 휴지도 똑 떨어졌고, 아무리 둘러봐도 근처에 쓰레기통 하나 없었다. 참으로 곤란하기 이를 데 없는 상황에서 발을 동동 구르다가, 결국 나도 못 견디고 남몰래 화단에다 침을 뱉고 말았다. 그때 알았다. 물론 아무 의식도 없이 퉤퉤 침을 뱉어버리는 사람도 있겠지만, 그렇다고 해서 침을 뱉는 모든 사람들이 비도덕적이고, 나빠서는 아닐 수도 있다는 것. 각자 자기만의 사정이 있을 수도 있다는 걸 말이다. 그런데 내 사정은 하나도 모르면서 내가 화단에 침 뱉는 모습만 보고, 꼭 나 같은 누군가가 나를 천하의 몹쓸 인간으로 경멸하는 걸 상상해보았다. 억울했다. 이 억울함은 자기가 직접 당해봐야만 알 수 있다. 아마 그래서 성경에서도 "비판을 받지 아니하려거든 비판하지 말라. 너희가 비판하는 그 비판으로 너희가 비판을 받을 것이요, 너희가 헤아리는 그 헤아림으로 너희가 헤아림을 받을 것이니라. (마태복음 7장 1~2절)"라고 한 모양이다.

극단적인 이분법적 사고에서 벗어나려면, 타인을 판단하는 기준을 한 가지에 맞추지 말아야 한다. 때로는 피치 못할 사정이라는 것이 모두에게 있을 수 있다는 가능성 또한 인정해야 한다. 사고에 융통성이 있어야 하고, 한 번의 실수나 잘못으로 모든 것을 끝내버리지 말고, 조금은 더 기다리고 받아줄 수 있는 여유도 있어야 한다. '나는 맞고, 너는 틀리다'가 아니라, '내 기준은 이런데, 너의 기준은 어떤 것이니?' 하고 물어볼 줄도 알아야 한다. 한마디로 모든 것은 '케바케', 케이스 바이 케이스(case by case: 개별적이고, 그때그때 달라서 한 건 한 건씩 봐야 하는 상황)라는 것을 받아들일 수 있어야 한다. 그런데 왜 우리는 그렇게 하지 못하고 이분법적 사고를 하느냐고? 복잡하니까. 다양한 가능성을 살펴야 한다는 게 피곤하니까. 여유는 고사하고 나 하나 건사하는 것도 힘들어 죽겠는데, 네 사정 따위 알고 싶지도 않고 알 필요도 없으니까 그냥 원칙대로 해버리는 것이다. 그게 간단하고 편하니까.

'둘 중 하나'에서 벗어나기

우리가 사는 세상은 대극으로 이루어져 있다. '대극(對極, opposite poles)'이란 '서로 마주 대하는 극, 정반대의 측변'이라는 뜻이다. 쉽게 말하자면 서로 정반대인 것들이 쌍으로 이루어져 있다는 것이다. 예를 들면 삶과 죽음, 밤과 낮, 선과 악, 음과 양, 의식과 무의식, 위와 아래, 진실과 거짓, 왼쪽과 오른쪽, 사랑과 미움, 육체와 정신, 긍정과 부정, 더위와 추위, 여기와 저기, 물과 불, 사고와 감정, 남성과 여성, 안과 밖, 우월과 열등, 직선과 곡선, 아름다움과 추함, 행복과 고통, 강함과 부드러움… 이런 식으로 대극의 예는 끝도 없다. 그렇기에 모든 것은 이것 아니면 저것, 둘 중 하나에 속한 거라고 판단해버리기 쉽다. 대충 보면 그렇다는 말이다.

하지만 조금만 자세히 들여다보면 그렇게 분명하게 나눠지는 건 하나도 없다는 걸 알게 된다. 모든 건 절대적인 게 아니라 상대적이다. 5층짜리 건물은 단층 건물보다는 높지만, 12층짜리 아파트보다는 낮다. 7천 원짜리 제육덮밥이 누군가에겐 싸고, 누군가에겐 비싸다. 어떤 사람의 얼굴은 누가 보기엔 예쁘고, 누가 보기엔 못생겼다. 집에서 버스 정류장까지의 거리가 누군가에겐 금방이고, 누군가에겐 너무 한참이다. 매일 똑같은 것 같은 오늘 하루가 누군가에겐 지겹고, 누군가에겐 너무나 귀하고 소중하다.

또한 강하면서 동시에 부드러울 수 있고, 차가우면서도 따뜻할 수 있다. 사랑하면서 미워할 수도 있고, 착하면서 나쁠 수도 있다. 고통스럽지만 행복할 수 있고, 반대로 행복하지만 고통스러울 수도 있다. 이런 복잡 미묘한 가능성들이 다양하게 있는데도 불구하고, 이 모든 걸 칼로 무 자르듯이 둘 중 하나로 보겠다고 우기는 것 자체가 말이 안 된다. 말이 안 되는 일을 하려고 하다 보니 자꾸만 문제가 더 생기고 삶이 힘들어지는 것이다.

한쪽으로 치우치지 않기

그럼 도대체 어떻게 하란 말이냐고? 대극을 통합해야 한다. 한쪽으로만 치우치지 말고, 양쪽을 골고루 취해야 한다. 대극을 통합하는 예는 이미 우리 주변에 너무 많이 있다. (어쩌면 우리는 항상 대극을 통합하는 것에 대해 말하고 있는 것 같다.) 영화에 나오는 대부분의 주인공들을 보라. 그들은 정말 극과 극의 다른 인물들로 나온다. 프랑스 영화 〈언터처블: 1%의 우정〉에 나오는 두 주인공을 예로 들어보자. 한 사람은 상위 1퍼센트의 엄청난 부자 귀족이지만, 사고로 전신 마비가 되어 오로지 머리 위쪽만 쓸 수 있는 사람이다. 반면 또 다른 주인공은 하위 1퍼센트의 가난한 흑인 청년으로, 가진 거라곤 튼튼한 몸밖에 없는 사람이다. 공통점이라곤 눈 씻고 찾아봐도 없는 두 사람이 만나 처음엔 엄청난 갈등을 겪다가 점차 우정을 나누기 시작한다. 아주 익숙한 스토리 아닌가? 이런 류의 영화는 셀 수 없을 정도로 많다. 이게 바로 대극의 통합이다. 그 표현이 어렵게 느껴질 뿐이지, 사실 이미 우리가 다 아는 내용들이다.

하지만 우리는 나와 다른 누군가와 통합되는 걸 싫어한다. 자기만의 고유한 색깔을 잃을까 봐 두렵기 때문이다. 그래서 늘 자기와 비슷한 사람들하고만 어울리려 한다. 자기와 너무 다른 사람이 오면 쉽게 배척해버린다. 하지만 대극을 통합하게 되면, 좀 더 훌륭한 내가 된다. 나의 고유한 색깔을 잃어버리는 게 아니라 내 색깔이 더욱 아름다워지고 강해진다.

최근에 시리즈가 끝난 영화 〈어벤져스〉의 대표적인 두 캐릭터를 살펴보자. 아이언맨과 캡틴 아메리카. 캡틴 아메리카는 원래 거짓말을 하면 죽는 줄 아는, 한마디로 융통성 제로의 답답한 성격을 가진 인물이었다. 하지만 성격이 너무나도 다른 인물들과 교류하며 오랜 시간 함께하다 보니, 나중엔 필요할 때면 적절하게 거짓말을 할 수도 있다는 걸 배우게 된다. 혹자는 그걸 보면서 캡틴 아메리카 본연의 성질이 변질되었다고 싫어할지도 모르겠다. 하지만 캡틴 아메리카에게 융통성이 조금 생겼다고 해서 그가 아이언맨처럼 변할 수 있는 것은 결코 아니다. 그는 여전히 캡틴 아메리카다.

반면 자기밖에 모르던 아이언맨 토니 스타크도 같은 과정을 겪으면서 대의를 위해 나의 이익을 희생할 수도 있다는 것을 배우게 된다. 그렇다고 해서 토니 스타크가 캡틴 아메리카처럼 변해버렸는가? 아니다, 절대 그럴 수 없다. 그는 마지막 순간까지도 여유 있는 농담을 잃지 않는 토니 스타크일 뿐이다. 다만 더 멋진 토니 스타크.

   나와 서로 다른 면모를 가진 사람을 만나면 처음엔 긴장이 생긴다. 당연하다. 하지만 그 어색하고 불편한 순간을 조금만 참고 견뎌내면, 완전히 새로운 것, 예전엔 상상도 하지 못했던 우정과 사랑이 생긴다. 마치 정-반-합의 변증법적 원리와도 같다. 서로 다른 인종, 계급, 언어, 세대를 초월해 발생하는 이런 우정과 사랑은 우리에게 언제나 깊은 감동과 눈물을 안겨준다. 그것이 바로 대극을 통합할 때만 느낄 수 있는 기쁨이요, 희열이다. 서로 다른 것을 무조건 배척하지 말고 약간은 경계를 풀고 허용하기 시작한다면 완전히 새로운, 더 좋은 무언가가 창조될 것이다.

Chapter

3

나를
무너뜨리는
헛된 기대와
욕망

네 맘도 당연히
내 맘 같으려니

'기대'의 사전적 의미는 '어떤 일이 원하는 대로 이루어지기를 바라면서 기다리는 것'이다. 사람이라면 누구나 갖고 있는 자연스러운 마음 상태라고 할 수 있다. 오히려 "나는 아무런 기대도 갖고 있지 않아."라고 말하는 사람이 더 이상하게 느껴질 정도로, 기대는 인간의 기본 속성으로 탑재되어 있는 듯하다. 그렇기 때문에 내가 가진 기대 또한 당연한 것으로 여겼다.

단 한 번도 나 자신이 '기대가 지나치게 큰 사람', 즉 매사에 모든 것들이 내 뜻대로 되기를 바라는 사람이라고는 생각해본 적이 없었다. 하지만 번아웃이 되어 쓰러진 후 나의 에너지를 급속도로 소진시킨 원인을 찾아가는 과정에서 나의 '기대'라는 것이 대부분 '헛된 기대' 또는 '불가능한 기대'라고 말할 수 있을 정도로 과도한 수준이라는 사실을 깨닫게 되었다. '기대가 크면 실망도 크다'는 말도 있듯이, 그렇게 나는 큰 기대와 큰 실망 사이에서 에너지를 소진시키며 살아왔던 것이다.

아주 사소한 예부터 시작해보자. 우리 동네 재래시장에는 아주 질 좋은 계란을 파는 가게가 있었다. 알이 실해서 깨보면 샛노란 노른자가 봉긋하게 살아 있는 싱싱한 계란이었다. 그 집에선 박카스 상자에 신문을 깔고 그 안에 계란을 차곡차곡 담아주었다. 단골 손님이었던 나는 그걸 볼 때마다 저 많은 상자를 어디서 구하는 건지 궁금했다. 약국이나 혹은 슈퍼마켓에서 정기적으로 빈 박스를 받아다 쓰는 건지 모르겠지만 분명히 수급에 어려움이 있을 거라고 생각했다. 그래서 계란을 사 오면 상자를 그냥 버리지 않고 차곡차곡 모아두었다. 상자 서너 개가 모이면 계란을 사러 갈 때 잊지 않고 가져가서 아저씨에게 돌려드려야겠다고 생각했다. 이런 기특한 생각을 하는 내가 무척 좋은 사람, 착한 사람으로 느껴졌다. 타인의 수고를 조금이라도 덜어주려 하는 배려의 마음이 내게 있다는 것이 기분 좋았다.

드디어 박카스 상자 세 개를 다 모은 날, 나는 그 상자를 들고 신나게 시장으로 내려갔다. 그러면서 기대했다. '이걸 이렇게 모아서 가져갔으니, 어쩌면 계란 아저씨가 고맙다고 하면서 계란 한두 알 정도는 덤으로 주지 않을까?' 하고 말이다. 가게에 도착해서 아저씨에게 "계란 반 판 주세요." 하고 주문한 후에 모아온 상자를 자랑스럽게 내밀었다. 아저씨는 상자를 힐끗 보더니 "네." 하고는 받아서 그냥 옆에 놓았다. 덤은 고사하고 고맙다는 말 한마디조차 없었다. 기대와 전혀 다른 이 상황에 나는 기분이 확 상해버렸다. 그리고 속으로 '뭐 이런 사람이 다 있지?' 하는 생각이 들었다. 계란 열다섯 알을 받아들고 불쾌한 기분에 휩싸여 집으로 돌아오면서 다신 그 가게에서 계란을 사지 않겠다고 결심했다.

되돌아보면 그때 나는 나의 착한 마음, 예쁜 마음, 소중한 배려에 대해 계란 아저씨가 인정해주기를 기대했었다. 솔직히 감사까진 바라지도 않았다. 그저 "어이구야, 수고스럽게 이걸 다 모아오셨어요?!" 정도의 감탄만 있었어도 나는 충분히 만족했을 것이다. 사실 '계란 한두 알을 덤으로 주는 것'이 나의 배려에 대한 당연하고 적절한 보상이자 감사의 표시라고 생각했던 이유가 있었다. 만약 내가 계란 아저씨였다면 상자를 모아온 사람에게 그렇게 했을 것이기 때문이다. 하지만 결과적으로 계란 아저씨는 나와 다른 사람이었다. 어쩌면 아저씨는 부끄럼이 많아서 고마운 마음을 표현하지 못하고 그냥 '네'라고 했을 수도 있다. 또 계란 한두 알은 내 생각처럼 그렇게 쉽게 덤으로 줄 수 있는 게 아닐지도 모른다. 그리고 상자도 이미 많이 모아놨을 수도 있다. 한마디로 나는 계란 아저씨의 사정을 전혀 모른다.

그럼에도 불구하고 나는 그가 내 기대에 맞게 행동해야 좋은 사람이고, 그렇지 않으면 감사도 모르는 나쁜 인간이라고 생각해버렸다. 따지고 보면 계란 아저씨는 나에게 잘못한 것이 아무것도 없는데, 나는 아저씨가 내 기대를 저버렸다는 이유로 거래를 끊으려고 한 것이다. 이 실망은 애초에 내가 내 생각에만 근거해서 타인에게 헛된 기대를 가졌기 때문에 생긴 것이다.

나의 기대와 실망이 훨씬 더 격하게 교차되었던 또 다른 예를 하나 들어보겠다. 친구 생일 즈음이었다. 나는 일찌감치 친구가 원하는 선물이 뭔지 알아두었다. 그 친구가 원하는 생일 선물은 당시 유행하던 특정 브랜드의 반팔 티셔츠였다. 특히 친구가 태어난 해의 뒤 두 자리 숫자가 한쪽 어깨에 큼직하게 적혀 있는 디자인이었다. 하지만 그 숫자를 찾기가 생각보다 쉽지 않았다. 매장마다 딱 그 숫자가 적힌 티셔츠만 다 팔리고 없었다. 구하기 어려운 물건일수록 더욱더 나의 승부욕을 불러일으켰기 때문에, 나는 어떻게든 기필코 그 티셔츠를 찾아내고야 말겠다고 결심했다. 서울에 있는 모든 매장마다 전화를 걸어서 재고 문의를 한 끝에 결국 서울 변두리에 있는 한 매장에서 그 티셔츠를 구하고야 말았다.

나는 내 자신이 무척 자랑스러웠다. 친구가 원하는 바로 그 선물을 해주기 위해서 수없이 발품을 팔아 찾아내고야 말았다는 사실이 대단하게 느껴졌다. 내가 이렇게까지 애를 썼다는 걸 친구가 알게 되면 얼마나 감격할까 하는 생각에 가슴이 두근거릴 정도였다. 친구한테는 나중에 직접 만나서 그 고생담을 자세히 이야기해줄 작정으로, 일단은 선물을 사놨으니 시간 될 때 와서 찾아가라고 간단히 문자만 남겨두었다. 그러자 친구는 고맙다면서 조만간 연락하겠다고 말했다. 나는 친구가 선물을 받고 기뻐할 모습을 상상하며 흐뭇한 마음으로 기다렸다.

그런데 하루가 지나고, 사흘이 지나고, 일주일이 지나도록 친구에게선 아무런 연락이 없었다. 무슨 일이 있나 싶어서 연락을 해봤더니 회사에 급한 일이 있어서 도저히 짬이 안 난다고 했다. 처음엔 그런가 보다 했다. 하지만 2주가 지나고, 3주가 지나고, 거의 한 달이 되어가자 내 속에서 화가 불같이 일어나기 시작했다. 책상 위에 놓인 친구의 선물 봉투를 볼 때마다 스트레스가 쌓였다. 기껏 자기를 위해 그렇게 고생해서 구해놨는데, 내 정성과 수고가 완전히 무시당한 것 같았다. 내가 그 친구를 생각하는 마음이랑 그 친구가 나를 생각하는 마음의 크기가 다른 거라는 확신이 들면서, 나를 소중하게 여기지 않는 배은망덕한 친구와는 인연을 끊어야겠다고 결심했다. 그래서 어느 날 친구에게서 전화가 왔을 때 네가 어떻게 나한테 이럴 수가 있냐는 식의 분노를 한바탕 쏟아내고서 정말로 절교를 했다.

내가 그 친구에게 기대했던 것은 내가 자기를 얼마나 위하고 있는지를 알아주는 것이었다. 하지만 친구 입장에서는 일단 나에게 생일 선물을 바란 적이 없다. 그런데 생일 선물을 샀다고 연락이 온 거다. (누군가에겐 이조차도 부담스러울 수 있다.) 그리고 그 친구는 아직 생일 선물이 뭔지도 모른다. 그냥 시간 될 때 와서 가져가라고 했는데 여태 시간이 안 돼서 못 가져가고 있을 뿐이다. 내 입장에서야 어떻게 한 달 내내 바쁠 수 있냐고 생각했지만, 친구 입장에서는 마음의 여유가 없었던 것일 수도 있다. 오늘 당장은 일찍 퇴근해서 집에 있다 하더라도, 내일 해야 할 일을 준비하다 보면 밖에 나갈 여유가 없기도 할 테니 말이다. 그리고 남은 바

빠서 미칠 지경인데 원치도 않는 선물을 자기 혼자 사놓고선 수시
로 전화해서 왜 선물 안 가져가냐고 하면 나 같아도 짜증이 날 것
같다. 도대체 그깟 선물이 뭐라고 사람을 이렇게 피곤하게 하냐고
생각할 수도 있을 것 같다. 얼마나 귀한 걸 어렵게 구했는지, 내가
말을 안 해서 모르니까. 그런데도 나는 내가 기대했던 빠른 시일
내에 친구가 감격의 반응을 보여주지 않았다는 이유로 인연을 끊
었다. 말하지 않아도 친구가 내 마음과 내 사연을 다 알아주기를
바라는 불가능한 기대를 했기 때문이었다. 헛된 기대란 그런 것
이다. (다행히 지금은 그 친구에게 그때의 황당했던 내 태도를 사과하고,
다시 연락을 이어가고 있다.)

기대대로 안 되면
화가 나

계란 아저씨가 덤으로 계란을 주지 않았을 때 화가 났다. 친구가 바로 와서 선물을 가져가지 않았을 때 화가 났다. 그래서 생각해봤다. 도대체 나는 어떨 때 화가 나는지. 왜냐하면 이 '화'라는 것이 하도 갑자기 불쑥불쑥 올라왔고, 일단 화를 내고 나면 모든 게 엉망이 돼버리기 때문이다. 나는 이 '화'의 정체에 대해 알아야겠다는 생각이 들었다. 그래서 의식적으로 '화'가 올라오는 순간에 집중하기 시작했다.

물론 처음엔 화를 다 내버린 다음에 뒤늦게 정신 차리고 '내가 왜 그랬지?' 하고 후회하는 게 대부분이었다. 하지만 그렇게라도 의식적으로 계속 화를 알아차리는 연습을 했더니, 그 다음엔 화를 내고 있는 와중에 '와…, 내가 지금 화를 내고 있네' 하고 인지할 수 있었다. 더 연습이 되니까 화가 치솟아 오르는 순간에 '올라온다,

올라온다, 화나려고 한다'고까지 느낄 수 있게 되었다.

우리는 다양한 상황에서 다양한 형태의 감정들을 느낀다. 모든 화가 꼭 분노 때문만은 아니다. 화는 일차적인 표현일 뿐이고 그 이면에는 짜증, 억울함, 슬픔, 죄책감, 두려움, 수치심 같은 다양한 감정들이 원인으로 작용하는 경우가 더 많다. 쉽게 말하자면 억울해서, 창피해서, 무서워서 화가 날 수도 있다는 말이다. 그러나 어떤 경우든 간에 화의 밑바닥을 들여다보면 하나같이 내 기대대로 되지 않았기 때문이다. 즉, 언제나 일이 이렇게 되었으면 좋겠다, 이 사람이 이렇게 해줬으면 좋겠다고 하는 내 기대가 먼저 있었고, 그게 뜻대로 되지 않았을 때 화가 올라오더란 말이다.

할 일이 많은데 아프면 화가 난다. 예를 들어, 중요한 발표를 앞두고 코감기, 목감기, 기침 감기에 동시에 걸렸다고 치자. 최상의 컨디션으로 발표를 해도 될까 말까인데, 코맹맹이에 쉰 목소리로 연신 기침까지 해대면서 발표해야 한다면 얼마나 난감하겠는가. 하지만 일단 아프기 시작한 걸 되돌릴 수는 없다. 일단 생긴 병은 시간이 지나야 낫기 때문이다. 그래도 화가 난다. 나는 아프고 싶지 않은데 아파야 하니까. 이렇듯 내 예상과 다른 일이 생기면 화가 난다.

또 나의 가치관 내지는 호불호와 반대되는 어떤 것을 요구받을 때도 화가 난다. 정치 성향이나 종교관이 나와 정반대인 사람과 이야기를 해야 할 때, 나는 영화가 좋은데 오페라를 보러 가자고 할 때, 해야 할 일이 많은데 갑자기 예고도 없이 손님이 들이닥쳤을 때 등등. 나는 내가 원하는 대로 하고 싶은데 상대방은 자기가 원하는 대로 하려고 할 때 충돌이 생기고 화가 난다. 나는 상대방이 날 좋아하고 배려한다면 당연히 내가 원하는 것을 들어줘야 한다고 생각한다. 우리는 각자 가치관과 호불호가 다르기 때문에 기대하는 것이 다를 수밖에 없음에도 불구하고, 상대방이 내 마음과 같지 않을 때 일단 화부터 나기 시작한다.

누군가는 소풍 가는 날인데 비가 오면 날씨에 화가 날 것이다. 내가 받고 싶었던 상을 다른 사람이 수상하면 그 수상자에게, 혹은 심사위원들에게 화가 난다. 결혼하고 싶은데 여자(남자) 친구가 거절하면 상대방과 상대방의 부모에게 화가 나고, 계속 일하고 싶은데 실직되면 회사와 더 나아가 이런 부조리한 시스템을 가진 사회에게 화가 난다. 평화롭고 안전하게 살고 싶은데 전쟁이 나면 국가와 이 세상에 화가 나고, 오래오래 살고 싶은데 죽음이 다가오면 하나님(신)에게 화가 난다.

다 남 탓이다. 내가 이렇게 된 건 다 남 때문이라고 한다. 세상의 모든 것이 다 내 기대와 욕망을 충족시키는 방향으로 움직여야만 한다고 생각하는 이 무시무시한 '자기중심성'은 도대체 어디서 비롯된 것일까? 사실 조금만 생각해봐도 이런 생각 자체가 말이 안 된다는 걸 알 수 있다. 세상엔 내 뜻대로 되는 게 하나도 없다. 내가 내 맘대로 조정할 수 있는 게 별로 없다는 말이다. 심지어 내 마음도 내 뜻대로 조절이 안 되는데 말해 무엇 하겠는가! 그런데도 불구하고 모든 것이 내 뜻대로 되지 않으면 화를 낸다는 게 정말 이상하지 않은가? 한마디로 우리가 '유아적'이라는 소리다.

우린 아직도 떼쟁이 애같이 군다. 아직 성숙한 어른이 되지 않았다는 증거다. 어른이 되면 세상이 내 뜻대로만 되지 않는다는 걸 경험으로 깨닫게 된다. 그러면서 아프고 힘들지만 그 사실을 받아들이고 인정한다. 하지만 아직도 뭔가가 내 뜻대로 되지 않을 때마다 화가 난다면, 엄마가 장난감을 사주지 않는다고 백화점 바닥에 드러누워 울고불고 난리를 치는 서너 살 아이와 똑같은 건지도 모르겠다.

만약 여러분이 지금도 무언가로 인해 화가 난다면 나를 화나게 만든 대상을 찾아서 원망할 때가 아니다. 내 기대가 무엇이었는지부터 찾아야 한다. 애초에 내가 가진 기대가 어떻게 좌절됐는지를 알아야만 내 화의 진정한 원인을 찾을 수 있다. 불교에서는 이것을 '탐貪, 진瞋, 치癡'라고 표현한다. 세상은 결코 내 맘대로 할 수 없는 대상임에도 불구하고 내가 어리석어서(치), 헛된 기대와 욕망을 품고(탐), 그것이 좌절되었을 때 분노하는 것(진)이다. 불교에선 이 탐진치를 삼독三毒, 사람의 마음을 해치는 세 가지 번뇌이자 독이라고 했다. 이게 있는 한 우리는 결코 고통의 수레바퀴에서 벗어날 수가 없다. 그러니 화가 날 때가 바로 여러분의 헛된 욕망과 기대를 발견하고 어리석음에서 벗어날 수 있는 절호의 기회다. 그때를 놓치지 말아야 한다. 내가 어떤 기대를 가졌기 때문에 화가 났는지, 그리고 그 기대라는 것이 얼마나 말도 안 되고 황당하고 어리석은 것이었는지를 알아야만 화에서 벗어날 수 있다.

너의 기대와
나의 기대는 다르니까

　　어째서 나의 기대와 너의 기대는 다른 것일까? 어째서 나의 욕망과 너의 욕망은 다른 것일까? 이건 진짜 어리석은 질문이다. 나의 기대와 욕망, 너의 기대와 욕망이 다른 이유는 너와 내가 다르기 때문이다. 성격, 기질, 취향도 다르고 자란 환경도 다르고 배운 것, 경험한 것도 차이가 있다. 사실 우리가 서로 다른 건 너무나도 당연한 것이고, 오히려 우리가 비슷한 면이 있다면 그게 더 신기한 거라고 할 수 있다. 그럼에도 불구하고 우리는 자꾸만 남들이 나와 똑같이 생각해주기를, 남들이 나와 똑같이 행동해주기를 바란다. 애초에 말이 안 되는 걸 원하고 있는 셈이다.

　　이걸 인정한다면 우리는 이제 '입장 차이'라는 것에 대해 한번 자세히 따져볼 수 있다. 나의 입장과 너의 입장은 다르다. 나의 사정과 너의 사정은 다르다. 그래서 우리의 모든 만남에는 시작부

터 약간의 균열이 있을 수밖에 없다. 그런데 그 균열에 각자의 감
정이 끼어들게 되면 서로의 차이가 더 크게 벌어지면서 결국엔 큰
갈등이 되고 만다. 그럴 때 터져 나오는 흔한 멘트가 "네가 어떻게
나한테 이럴 수가 있어!" 또는 "잘 알지도 못하는 주제에!", "네가
나에 대해 뭘 알아!" 등과 같은 것이다.

　삶 속에서 우리가 겪는 수많은 입장 차이가 있겠지만, 그중에
서 내가 겪은 예를 몇 가지 들어보겠다. 내가 살면서 가장 많이 겪
어온 입장 차이 중 하나는 친구와 만날 때 할애하는 시간에 대한
개념이었다. 이게 무슨 소리냐고? 친한 친구와 만나서 같이 놀기
로 약속을 잡았다고 치자. 그럴 때 내 친구는 약속을 했으니까 나
와 하루 종일 놀 것을 기대하면서 나온다. 오랜만에 만났으니 오
랫동안 함께 놀기를 원하는 것이다. 하지만 내 입장은 다르다. 엄
청 바쁜 와중에 친구를 만나기 위해 시간을 억지로 쪼개서 나온
것이기 때문에 내가 친구에게 할애할 수 있는 시간은 최대 3시간
정도다. 그 사실을 알게 된 순간 친구는 바로 섭섭해하고 심하면
삐치기까지 한다.

　그때 친구가 제일 속상해한 점은 서로에 대한 마음의 크기가
다르다는 점이었다. 나는 너를 '하루 종일' 만큼 사랑하는데, 너는
나를 '고작 3시간' 만큼만 사랑한다며 자존심 상해했다. 너도 나만
큼 똑같은 양으로 사랑해주면 좋겠는데, 그리 해주지 않아서 화가
난다고 했다.

　그런데 사실 우리가 다른 건 서로에 대한 마음의 크기가 아니

라 시간에 대한 개념이다. 친구는 '내가 정말 소중하다면 당연히 많은 시간을 나와 함께해야 해'라고 생각한다. 함께 있는 시간이 길수록 서로를 더 많이 아낀다고 여긴다. 즉, 친구는 시간의 양을 중요하게 생각한다. 그렇기 때문에 내가 3시간밖에 못 논다고 하면 '아, 얘는 나를 고작 그 정도밖에 아끼지 않는구나'라고 생각해 버린다. 하지만 내 입장에서 볼 때는 진짜 귀한 시간을 오직 그 친구를 위해서 '3시간'씩이나 특별히 할애한 것이다. 그 친구를 소홀히 생각해서가 아니라 정말 소중하게 생각하기 때문에. 내가 그로 인해 나중에 더 힘들어지더라도 그 친구를 만나기 위해 그 시간을 뺀 것이다.

나한테 중요한 건 시간의 질이다. 내가 친구에게 준 그 시간이 나한테 어떤 의미인지도 모르면서, 친구가 툴툴대거나 화를 내면 나야말로 정말 섭섭하고 화가 난다. 결국 우리 마음의 크기, 서로를 위하는 마음은 동일했다. 다만 시간에 대해 갖는 개념이나 처한 여건이 서로 다르기 때문에 입장 차이가 있었던 것일 뿐이다. 그런데 이런 상대적인 입장 차이를 고려하지 않고, 마치 자기 기준만이 옳은 것처럼 적용시키면 많은 오해가 생길 수밖에 없다.

또 이런 일도 있었다. 페이스북에는 자동으로 생일을 알려주는 기능이 있다. "오늘은 누구누구 님의 생일입니다."라고 뜨면, 페친(페이스북 친구)들은 그 사람의 피드에 축하 메시지를 남긴다. 하지만 나는 다른 사람들이 내 피드에 글을 올리는 것을 싫어한다. 내 사적인 공간이 침범당하는 느낌이 들기 때문이다. 물론 축하해주고 싶은 사람들의 마음은 감사하지만, 나 같은 성향을 가진 사람들에겐 그러는 게 별로 달갑지 않다. 그래서 내 생일은 알람이 뜨지 않도록 일찌감치 비공개로 바꿔놓았다. 내 생일은 그렇게 막아두면 그만인데 친구들의 생일 알람이 뜨면 다시 고민이 많아지기 시작한다.

일단 생일인 걸 알게 되면 가만히 있을 순 없다. 뭐라도 해서 축하 표시를 하긴 해야 한다. 하지만 내가 피드에 축하글 올리는 걸 싫어하니 나도 남의 피드에 축하글을 올리고 싶진 않다. 그래서 그냥 다른 사람이 올린 축하글에 살짝 댓글로만 축하를 했다. 그런데 어떤 친구에게는 그게 또 섭섭했던 모양이다. 그 친구는 나와는 성향이 반대여서, 생일날 피드에 얼마나 많은 축하글이 올라와서 도배가 됐느냐를 중요시하는 사람이었다. 그것이 곧 자신이 받은 사랑의 척도, 인기의 척도이기 때문이다.

그 친구 입장에서는 내가 자기와 친하니, 나의 축하글 하나는 당연히 올라올 것이라고 기대하고 있었나 보다. 그런데 내가 겨우 댓글 한 줄로 축하하고 마니, 나한테 실망한 것이다. 성대하게 축하를 받고 싶었던 그 사람 입장에서는 내가 자신을 섭섭하게 한 것이지만, 성대하게 축하받는 걸 부담스러워하는 내 입장에서는 최대한 친구를 배려해서 행동한 것이었다. 물론 이 경우엔 나의 패착이었다. 그 친구도 나와 같을 거라고 생각한 것 자체가 문제였다. 우리는 서로 다른데 말이다.

사람들은 모두 기질이 다르다. 태생적으로 사람 좋아하고 관계 지향적인 사람들이 있다. 그들은 항상 사람들과 어울리는 걸 좋아하고, 무엇이든 혼자서 하는 걸 싫어한다. 반면에 여러 사람과 함께 있으면 쉽게 피로해지는 사람들도 있다. 그들에겐 항상 혼자만의 시간이 필요하다. 이건 그저 기질의 차이일 뿐, 누구의 성격이 더 좋고 나쁜 문제가 아니다. 그런데 이런 두 사람이 친구나 연인이 되면 서로를 사랑함에도 불구하고, 서로가 원하는 사랑의 방식이 다를 수밖에 없다. 한 사람은 상대방을 사랑하기 때문에 모든 일을 언제나 함께하고 싶어 하지만, 상대방은 사랑하는 마음과는 별개로 가끔은 혼자 있고 싶어 할 수도 있다. 사람 친화적인 기질의 사람은 날 사랑한다면서도 혼자 있고 싶어 하는 상대방이 이해가 안 되어 섭섭할 것이고, 혼자 있길 좋아하는 기질의 사람은 항상 같이 있고 싶어 하는 상대방이 이해가 안 돼서 피곤하고 숨이 막힐 것이다.

기질의 차이 외에도, 우리의 결핍된 부분이 다르기 때문에 입장 차이가 생길 수 있다. 우리는 누구나 결핍된 부분을 가지고 있으며 그 종류도 다 다르다. 그런데 어려서부터 부모님의 사랑을 충분히 받지 못하고 자란 사람은 친구나 연인으로부터 부모의 사랑과 비슷한 종류의 사랑을 받고 싶어 한다. 그 어떤 경우에도 아빠처럼 든든하게 보호해주고, 엄마처럼 일일이 보살펴주는 절대적이고 이상적인 사랑을 기대한다. 하지만 친구는 친구일 뿐이고, 연인은 연인일 뿐이다. 그들은 결코 나를 부모처럼 사랑해줄 수 없다. 그래서 친구나 연인으로부터 부모 같은 사랑을 기대하는 사람은 계속해서 실망하고 끊임없이 갈증을 느끼면서 불만이 쌓여간다. 반대로 부모 같은 사랑을 강요당하는 사람들 입장에서는 '도대체 내가 왜 이렇게까지 해줘야 하는 거지? 난 자기 엄마도 아니고 아빠도 아닌데?'라고 생각할 수밖에 없다.

또 서로 마음의 속도가 다르기 때문에 입장 차이가 더 커질 수도 있다. 누군가는 마음을 내보이며 친해지는 데 시간이 많이 걸리는 스타일이고, 누군가는 만나자마자 금방 속내를 터놓고 친해질 수 있는 스타일이라고 치자. 이런 경우 빨리 친해지고 싶은 쪽에서는 상대방이 자기를 별로 안 좋아한다고 생각할 것이고, 천천히 알아가고 싶은 쪽에서는 상대방이 너무 공격적이고 요구가 많은 타입이라고 경계하게 된다. 그러면 서로에 대해 제대로 알아가기도 전에 서로에 대한 나쁜 인상을 갖게 된다.

이처럼 두 사람이 만나 새로운 관계를 맺을 때 두 사람의 마음이 정확히 일치할 확률은 거의 불가능에 가깝다. 연애나 만남 초기에는 일견 잘 맞는 것처럼 느껴질 수도 있겠지만, 시간이 흐를수록 서로의 차이를 계속 확인할 수밖에 없다. 이때 서로의 차이라는 것이 어쩔 수 없고 지극히 자연스러운 것이라는 걸 받아들이면 그 차이 자체를 즐기면서 서로의 관계를 조금씩 조율해갈 수 있다. 하지만 '상대방이 나를 진정으로 사랑한다면 내가 원하는 대로 다 해줘야 한다' 혹은 '상대방이 나를 정말로 위한다면 내 마음과 똑같아야 한다'는 식의 유아적 사고방식을 갖고 있다면 사람 사이의 관계에서 결코 만족할 수도, 행복할 수도 없을 것이다.

그걸 꼭
말을 해야 알아?

'기대期待'를 한자로 풀이하면 기약할 '기', 기다릴 '대', 우리말로 풀이하면 '희망을 가지고 기약한 것을 기다린다'는 뜻이다. 즉, 어떤 일이 원하는 대로 이루어지길 바라면서 기다리는 것이다. 여기서 특별히 더 중요한 구절은 '희망을 가지고'다. 기대에 '희망을 가지고'라는 뜻이 포함된다는 것은 좋은 결과를 기다린다는 뜻이다. 무언가를 기대한다고 표현할 때 나쁜 일이 일어나길 바라면서 기다리진 않을 것이다. '기대한다'에는 이미 좋은 방향이어야 한다는 결론이 포함되어 있고, 그 좋은 방향이란 '내가 원하는 대로'인 경우가 대다수다. 다시 말해 내가 원하는 대로 되는 것이 곧 좋은 방향, 좋은 결과인 것이다.

Y는 남자 친구와 만난 지 1000일이 되자 이 특별한 기념일에 남자 친구가 어딘가 멀리 여행을 가자고 제안해주길 '기대'하고

있었다. '어딘가 멀리'라고는 했지만, 사실 한 번쯤은 남들처럼 해외로 여행을 가보고 싶은 것이었다. 그래서 남자 친구가 그런 자신의 마음을 눈치 채서, 먼저 말해주길 은근히 바라면서 기다렸다. 그런데 만약에 남자 친구가 해외여행은 고사하고, 1000일 기념일에 대한 특별한 인식도 없이 평소처럼 그냥 영화 보고 밥이나 먹자고 한다면? Y는 무척이나 실망할 것이다. 왜? 자신의 '기대'가 깨졌으니까.

기대와 실망은 바늘과 실처럼 붙어 다닌다. 기대가 있는 곳에 실망이 따라다니고, 기대가 없는 곳엔 실망도 없다. 왜일까? 기대가 좋은 결과를 바라는 것인 것처럼, 실망은 나쁜 결과를 마주할 때 생기는 것이기 때문이다. 그런데 어떤 일이든 그 일이 내가 원하는 대로 될 확률과 내가 원하는 대로 되지 않을 확률은 정확히 반반이다. 그러니까 기대를 한다는 것 자체가 이미 50퍼센트의 가능성에 투자하는 것이어서, 기대가 실망으로 변할 확률인 50퍼센트를 반드시 각오해야 한다.

그렇다면 이 확률을 높이는 방법은 없을까? 있다. 처음에 말했던 '기대'의 정의를 다시 보자. '희망을 가지고 기약한 것을 기다린다'고 되어 있다. 이번에 중요하게 볼 단어는 '기약한 것'이다. 약속을 했다는 의미다. 그러니까 기대에는 약속이 포함되어 있다. 내가 이미 노력해놓은 무언가가 있고 그것이 좋은 결과를 불러오기를 기다리는 것. 그것이 '기대'의 정확한 뜻이다.

다시 Y에 대해 생각해보자. Y는 1000일 기념일에 대해서 남자 친구와 아무런 약속을 하지 않았다. 그러니까 남자 친구는 Y가 원하는 것에 대한 아무런 정보가 없다. Y가 그것에 대해 일절 말한 바도 없다. 기대를 한다는 것은 자신이 원하는 것에 대해 말을 하고, 그것에 대해 상대방이 내 뜻대로 승낙해줄 거라는 50퍼센트의 확률을 가지고 기다리는 것이다. 그러니까 Y는 "이번 1000일 기념일에 우리 해외여행을 한번 가보면 어때?"라고 말하고 나서 남자 친구의 반응을 기다려야 한다. 그게 기대하는 것이다.

하지만 Y가 원하는 것은 독심술이다. 말하지 않아도 남자 친구가 자기 마음을 딱 읽어주길 바라고 있다. 왜 Y는 자기가 원하는 것을 정확히 말하지 않을까? 이 남자가 나를 얼마나 사랑하고 있는지를 확인할 수 있는 척도로 독심술을 쓰려는 것이다. 굳이 말하지 않아도 내 마음을 알아주는 비율이 바로 그 사람과 내가 얼마나 운명적인지를 알아볼 수 있는 근거가 된다. 그러니까 독심술은 일종의 테스트인 것이다. 남자 친구가 Y가 원하는 이상적인 바로 그 남자인지 아닌지를 확인할 수 있는 잣대. 그러니 당연히 원하는 게 있어도 말할 수가 없다. 얼마나 내 마음을 잘 알아맞히는지 테스트를 해야 하니까.

Y는 아무것도 하지 않고서 최고의 결과가 나오길 기다리고 있다. 그러면 현실적으로 그 기대가 이루어질 확률이 50퍼센트보다 더 낮아질 수밖에 없다. Y의 경우엔, 남자 친구에게 자신이 바라는 것을 직접 말해야 기대대로 될 확률을 높일 수 있다. 물론 자신이 원하는 것과 남자 친구가 원하는 것이 서로 다를 수 있기 때

문에 여전히 기대대로 되지 않을 위험성은 50퍼센트 그대로다. 하지만 자신이 원하는 것을 솔직히 밝혔을 때 반드시 내가 원하는 그대로 되진 않더라도, 그 비슷한 것이 충족될 확률이 높아진다는 이점이 있다.

남자 친구가 당장 해외여행에 갈 여건이 되지 않아서 그 제안을 받아주지 못한다면 그는 자신의 사정에 대해 자세히 설명할 것이고, 그러면 Y도 그를 좀 더 잘 이해하게 될 것이다. 마찬가지로 남자 친구의 입장에서도 Y가 1000일 기념일에 평소와 다른 특별한 뭔가를 하고 싶어 한다는 것을 충분히 알게 된다. 그러므로 비록 해외여행은 못 가더라도 자신의 여건 내에서 색다른 것을 하나라도 시도할 것이다. 이게 바로 서로의 입장이 달라도 대화를 통해 서로를 이해하고, 간극을 줄여나가는 건강한 방식이다.

좋은 결과를 약속할 만한 그 어떤 노력도 하지 않은 채 막연히 기대하는 것은 '요행을 바라는 것'이다. '난 아무것도 하지 않았지만, 그래도 이런 걸 갖고 싶어!' 하는 마음이다. 물론 인생은 예측불허이니 누군가에겐 그런 요행이 허용될지도 모르겠다. 그러나 분명한 건 그런 식으로 우연히 맞게 되는 요행은 그대로 불행의 씨앗이 되고 만다. 말하지 않아도 남자 친구가 자신이 원하는 걸 정확하게 맞추는 요행을 경험한 여성은 다음에도 또 그렇게 될 것이라고 점점 더 불가능한 기대를 하게 된다. 그건 자신이 실망할 수 있는 확률을 기하급수적으로 늘려가는 것이다. 공부를 하나도 안 했는데도 우연히 시험을 잘 봤다면 더 열심히 공부하기보다 그다음 시험에도 같은 행운이 또 일어나길 기대하게 될 것이다.
운 좋게 로또에 당첨된 사람은 힘들게 일을 해서 돈 버는 것보다
는 계속 로또를 사서 또 당첨되길 기대할 것이다. 신춘문예에 그
냥 어쩌다 한 번 내본 작품이 덜컥 당선이 되었지만, 좋은 글을 계
속해서 써낼 실력이 없다면 조만간 원고 청탁은 끊기고 사람들의
기억 속에서 사라질 것이다. 이처럼 어쩌다 한 번 온 행운은 아무
것도 보장해주지 않는다. 요행은 오히려 헛된 기대만 더 부풀리고
만다.

마음 보충 수업

....

기적은 가끔 일어나서 기적이다

사람들에게 헛된 기대와 욕망을 조금 줄이는 편이 좋겠다
고 말하면 금방 울 것 같은 표정과 억울해 죽겠다는 목소
리로 나에게 이렇게 소리친다. "아무런 기대도 없이 어떻
게 살아요! 난 그런 작은 기대조차도 해선 안 된단 말이에
요?" 사람들이 그토록 발끈하는 이유는 무엇일까?

'아주 작은 기대'라는 착각

사람들은 자신의 기대가 절대로 과도하다고 생각하지 않는
다. 오히려 정반대로 자기는 아주 최소한의 것을 원했을 뿐이라
고 말한다. 그래서 억울한 것이다. 별로 큰 걸 바란 것도 아닌데 그
것마저도 버리라고 하니 아주 미치고 환장할 노릇인 거다. 하지만
정말 그런가? 당신이 누군가에게 바라는 그 기대가 정말로 그렇
게 사소한 것일까?

한번은 수업 시작 전에 K가 고민이 있다면서 나에게 조언을
청해왔다. 사연인즉슨, 우울해하는 한 친구가 있어서 자기가 물심
양면으로 거의 1년 넘게 도움을 주었다고 했다. 그런데 이 친구가

계속 말로만 고맙다고 할 뿐 실질적으로 자기한테 아무것도 해주는 게 없다고 했다. "아, 그러니까 너는 지금 그 친구에게 잘해준 것에 대한 대가를 받고 싶은 거구나."라고 묻자 K는 펄쩍 뛰었다. 자기는 단 한 번도 대가를 바라본 적이 없다고 아주 단호하게 말했다. 나는 고개를 갸웃거리면서 "그럼, 그 친구에게 도대체 뭘 원하는 건데?"라고 물었다. 그랬더니 "제가 원하는 건 아주 작은 거예요. 그저 내가 그 친구에게 해준 것처럼, 그 친구도 나에게 해주길 바라는 것이지요. 진심, 그러니까 마음을 나누고 싶은 거라고요."

K의 이 대답에 대해 당신은 어떻게 생각하는가? 정말로 이게 아주 작은 기대일 뿐일까? 그 전에 먼저 알아두어야 할 것이 있다. 내가 수업하면서 관찰한 바에 의하면 K는 항상 교실에 들어오는 모든 사람들에게 녹차를 타서 대접하곤 했다. 교실 뒤에는 정수기와 각종 커피, 차, 종이컵이 모두 구비되어 있어서 누구나 원하면 먹을 수 있게 되어 있었다. 그런데도 K는 새 사람이 들어오면 번개같이 차를 타서는 "드세요~." 하고 웃으며 내밀었다. 그런데 만약에 상대방이 더워서 차가운 냉수를 마시고 싶었다면 어떨까? 수업 중에 화장실 가는 게 싫어서 물 종류는 아예 안 먹는 사람이라면? 이미 카페에서 녹차 라떼 한 잔을 사서 올라온 사람이라면? 아니면 모르는 사람이 말 시키거나 옆에 오는 걸 질색하는 사람이라면? 그들도 모두 K의 친절에 무조건 고마워해야 할까? 그리고 K가 원하는 것처럼 그들도 K에게 똑같이 녹차를 타줘야 할까?

　나는 K가 말하는 그 '아무것도 해주는 게 없는 친구'에 대해 전혀 모른다. 그 친구는 K의 주장대로 남의 호의만 날름 받아먹고 모른 척하는 인면수심의 사람일 수도 있고, 아닐 수도 있다. 다만 내가 확실하게 아는 게 하나 있다. 그 친구는 K와는 전혀 다른 사람일 거라는 것이다. 그 사실 하나만으로도 K의 기대는 이미 과도하다.

　어떤 사람에게는 남을 챙겨주는 게 어려운 일이 아닐 수 있지만, 어떤 사람에게는 남의 필요를 미리 짐작해서 한발 앞서 준비하고 적절한 답례를 하는 모든 일들이 너무 힘들 수도 있다. 지금껏 그렇게 해본 적이 없어서 그럴 수도 있고, 남이 뭘 필요로 할지 알아맞히는 것 자체를 어렵게 느낄 수도 있다. 어쩌면 마음이 있어도 행동이 굼뜬 나머지 매번 K에게 선수를 빼앗겼을 수도 있다. 이도 저도 아니면 그냥 그 모든 것에 무심한 성격일 수도 있고. 그럼에도 불구하고 K가 자기가 해준 것과 똑같은 종류의 진심 어린 마음을 그 친구로부터 받길 계속 고집한다면 K는 늘 불만족스럽고 불행할 것이다.

서로 다른 마음을 인정하기

　상대방은 내가 아니다. 저 사람은 나와 다르다. 이토록 단순한 사실을 어쩌면 그렇게 인정하기가 어려운지 모르겠다. 저 사람은 내가 아니고 나와 다르기 때문에 서로 뜻이 다를 수 있고, 원하는 것도 다를 수밖에 없다. 그게 자연스러운 거다. 따라서 상대방과 나의 기대가 다르다면 지극히 정상이다.

그런데 만약에 상대방의 기대와 나의 기대가 일치한다면? 그게 바로 기적이다! 예를 들면, 내가 사랑하는 사람이 나를 사랑해주지 않는다면 그건 자연스러운 거다. 하지만 내가 사랑하는 사람도 나를 사랑한다면 그게 기적이다. 지독히 낮은 확률의 놀라운 일이 발생한 것이다. 하지만 사람들은 자꾸만 반대로 생각한다. 상대방과 나의 뜻이 같은 게 당연한 거고, 다르면 오히려 왜 다르냐고, 어떻게 다를 수가 있냐고 화를 낸다.

나의 기대와 욕망을 강요하지 않기

부모는 자식이 자기가 원하는 대로 자라길 바라고, 선생은 학생이 자기가 지도한 대로 행동하길 바라고, 연인은 사랑하는 사람이 자기가 원하는 대로 해주길 바란다. 다시 한번 말하지만 그렇게 된다면 기적이고, 안 되면 자연스러운 거다. 그런데 이 사실을 받아들이지 못하고 어떻게든 내 욕망과 기대대로 되길 끝까지 바라면 어떻게 될까? 제아무리 아름다운 '사랑'이어도 상대방이 원치 않는데도 불구하고 계속 요구하면 그게 바로 폭력이다. 내가 원하는 그것을 달라고, 왜 안 주냐고, 언제 줄 거냐고, 떼를 쓰고 매달리다가 그래도 안 되면 교묘하게 협박하고, 숨 막히게 집착하고, 무슨 수를 써서라도 들어주지 않을 수 없게끔 만든다. 결국 상대방이 죽건 말건 나만 원하는 걸 얻으면 그만이라고 생각하는 것. 이게 바로 호러물이 아니고 무엇이겠는가?

만약에 이렇게까지 설명했는데도 도저히 기대를 내려놓지 못하겠다고 우기고 싶은 사람이 있다면 마지막으로 한번 입장 바꿔서 생각해보라고 말해주고 싶다. 우리 사회에 가장 흔한 경우를 예로 들어보겠다. 당신은 손재주가 많은 학생이다. 뭐든 만들고 꾸미고 조립하고 장식하는 것을 좋아한다. 그쪽 분야로 꽤 탁월해서 어릴 적부터 나름 인정도 받았다. 그래서 하고 싶은 것도 많고 꿈이 많다. 그런데 당신 부모는 무조건 당신이 법대에 가서 판사가 되길 바란다.

어떤 날은 아버지가 사법고시에 떨어진 평생의 한을 대신 풀어달라고 읍소하기도 하고, 어떤 날은 법대에 가지 않겠다고 고집을 부리는 당신을 향해 어머니가 단식을 하겠다고 협박하기도 하고, 또 어떤 날은 법대에 진학한 사촌의 안락한 생활에 대해 말하면서 회유를 하기도 한다. 좀처럼 내가 뭘 하고 싶은지는 들어보려고도 하지 않는다. 그저 부모의 기대와 욕망을 충족시켜줄 것만을 강요당한다.

이러면 당신은 어떤 기분일 것 같은가? 혹시 당신은 또 다른 누군가에게 이런 식으로 자신의 기대와 욕망을 강요하고 있진 않는가? 사랑해달라고, 결혼해달라고, 일을 맡아달라고, 기회를 포기해달라고, 무언가가 되어달라고, 물건을 내놓으라고, 혹은 내 인생에서 사라져달라고 말이다. 상대방이 원하지 않아도 내가 원하니까. 날 위해서 말이다. 안 되는 건 안 되는 거다. 나는 타인의 마음을 내 마음대로 바꿀 수 없다. 노력은 해볼 수 있다. 하지만 상

대방이 정 원치 않을 때는 어쩔 수 없는 것이다. 포기할 줄 아는 것
도 때로는 필요하다.

모르니까 물어보기

사람들은 다 다르다. 나는 타인과 다르고, 타인도 나와 다르다.
그래서 우리는 서로에 대해 잘 모른다. 이런 상태에서 서로 잘 지내
는 방법은 하나뿐이다. 모르니까 물어봐야 한다. 난 이게 좋은데 넌
어떤 게 좋은지, 난 이게 필요한데 넌 무엇이 필요한지 물어보면 된
다. 생각의 격차를 어떻게 좁혀갈 것인지는 다음 문제다.

우선은 서로 다른 생각을 확인하는 것만으로도 충분하다. 저
사람도 당연히 나와 같을 거라고 추측해서 함부로 행동하는 무례
를 범하지 않는 것만으로도 족하다. '말하지 않아도 알아요'는 초
코파이 광고 때나 쓰는 말이고, 일상에서는 절대로 적용할 수 없
는 말이다. 말하지 않아도 알 수 있는 사람은 없다. 그러니 제발 모
르면 물어봐라. 혼자서 억측하지 말고! 그러면 의외로 서로 비슷
한 점을 찾을 수 있을지도 모른다. 우린 사실 같거나 다른 존재가
아니라 완전 다른데 의외로 비슷하고, 굉장히 비슷한데 의외로 다
른 면이 있는 그런 존재들이기 때문이다.

Chapter

4

어리석은
완벽주의자의
통제 욕구

변수가 생기는 게
정말 싫어

　　나는 모든 것이 내 뜻대로 완벽하게 이루어지도록 미리 철저히 준비하고 끝까지 최선을 다하는 사람이다. 이렇게 말하면 굉장히 멋진 사람처럼 보일지도 모르겠지만, 사실 굉장히 피곤한 스타일이라고 하는 게 더 정확하다. 남이 볼 때는 물론이고 나 스스로도 에너지 소모가 무지막지하게 심한 타입이다. 이런 내 피곤한 성격을 단적으로 보여주는 에피소드가 있다.

　　부모님께 영화를 보여드리는 경우다. 제일 먼저 영화를 골라야 하는데, 영화 취향이 서로 다른 두 분을 동시에 만족시킬 수 있는 영화여야만 한다. 지나친 폭력과 욕설이 들어간 영화는 빼고, 지나친 신파가 들어간 영화도 빼고, 억지로 웃기려는 코미디도 빼고, 설정이 너무 황당무계한 판타지 영화도 빼고, 그러면서도 전체적인 영화평이 좋아야 하고, 어느 정도 재미가 보장되어 지루하지 않아야 한다. 게다가 이런 모든 조건을 충족시키는 영화를 찾았다 하더라도 다른 사람들의 영화평을 온전히 믿지 못하는 성격 탓에 내가 먼저 직접 보고 영화가 정말 괜찮다는 것을 확인해야만 직성이 풀렸다.

그 다음은 부모님이 영화를 보기에 적당한 날짜와 극장, 시간대를 골라야 한다. 당연히 두 분 모두 선약이 없는 날이어야 하고 주말은 피하는 게 상책이다. 또 두 분 다 경로 우대권을 이용하기 때문에 버스보다는 지하철로 한 번에 갈 수 있는 곳일수록 좋다. 지하철에서 내려서도 극장까지 이동 거리가 최대한 짧아야 하고, 찾아가는 길이 복잡하지 않아야 한다.

시간대도 중요하다. 영화 시간이 너무 이르면, 부모님이 힘들 수도 있고 아빠가 낮잠 주무시는 시간도 피하는 게 좋다. 영화 상영 시간이 너무 길어도 곤란하다. 그리고 외출한 김에 영화 전이나 후에 외식을 할 수 있게 해드리려면 영화가 끝나는 시간이 점심이나 저녁 시간대와 적절하게 맞아떨어져야 한다.

또 하나의 중요한 요소는 영화를 보고 난 후 근처에서 맛있게 식사할 수 있는 식당이 있어야 한다는 거다. 당연히 두 분의 음식 취향을 모두 만족시킬 수 있는 그런 메뉴여야 한다. 주로 내가 미리 가서 먹어보고 맛을 검증한 곳으로 선택한다.

지금까지 열거한 모든 조건을 만족시키는 곳을 찾았다 하더라도 영화 예약을 하려면 또 다시 중요한 선택을 해야 한다. 바로 좌석을 어디로 고를 것인가 하는 문제 말이다. 아빠는 주변에 사람들이 너무 빡빡하게 많은 것을 싫어해 한쪽이라도 뚫려 있는 통로 쪽 좌석을 확보해야 한다. 그리고 엄마는 요새 스크린 자막이 잘 보이지 않기 때문에 중간 쪽 좌석으로 예약을 해야 한다. 또 영화의 종류에 따라서 어떨 때는 화면이 큰 곳을 골라야 하고, 어떨 때는 사운드 시설이 제대로 된 곳을 골라야 한다.

드디어 모든 준비가 완벽하게 끝났다. 하지만 이렇게 빈틈없이 완벽한 계획을 짜기 위해 온 신경을 쏟느라, 나는 이미 만신창이가 되어 있었다. 너무 많은 것을 고려하고 가능한 모든 일들을 예상하여 선택들을 하느라 그만 진이 빠져버린 것이다.

비록 힘은 들었지만 내가 할 수 있는 최선을 다했기에 한 치의 오차도 없는 즐거운 영화 나들이가 되리라 믿어 의심치 않았다. 그럼에도 불구하고 나는 부모님이 집을 나서는 순간부터 집에 돌아오는 순간까지 내내 걱정이 돼서 아무 일도 할 수가 없다. 왜? 내가 이렇게까지 만반의 준비를 해도 그 망할 놈의 '변수'라는 것이 항상 존재하기 때문이다. 나는 부모님이 오랜만에 영화를 보는 이 체험이 오로지 즐겁고 편안하기만을 바라는데, 만에 하나 그것을 방해하는 어떤 경우가 생길까 봐 종일 불안했다.

아니나 다를까 변수는 늘 생기고 만다. 전혀 예상 못 했던 일, 내가 도저히 어쩔 수 없는 일들 말이다. 예를 들면, 지하철을 타고 가면서 부모님이 사소한 일로 언쟁을 시작하는 바람에 극장에 도착하기도 전에 기분이 상해버리는 것은 아무것도 아니다. 극장에 들어가 겨우 좌석에 가서 앉았는데 앞 사람의 앉은키가 너무 커서 자막을 다 가려버린다거나, 통로 건너편에 앉은 관객이 영화 상영 도중에 휴대전화 진동이 계속 울리는데도 도통 끌 생각을 안 해서 엄청 신경이 쓰인다거나 하는 경우도 있다. 또 심혈을 기울여 고른 영화였음에도 불구하고 부모님 보기엔 별로였다거나, 맛집이라고 해서 찾아갔는데 김치에서 긴 머리카락이 나왔다거나 하는 일들 말이다. 세상엔 미리 막을 수 없는 변수들이 너무 많다.

내 기대와는 달리 부모님이 집에 돌아와서 이런 류의 변수들 중에 하나라도 말할 때면 난 온몸에서 기운이 쭉 빠져나갔다. 내 계획이 실패한 것이 아니라 나 자신이 실패한 것처럼 느껴졌다. 심지어 부모님이 어떤 불쾌한 일이라도 겪고 온 경우에는 엄청난 죄책감이 몰려왔다. 부모님이 그런 일을 겪게 된 게 하필이면 그 극장에, 그 시간대에 보내드렸기 때문이라는 생각이 들었다. 사실상 내가 어떻게 할 수 있는 일이 하나도 없었음에도 불구하고, 그게 다 나 때문인 것만 같았다.

이러다 보니 어떤 일을 맡아서 하는 것 자체가 나에게는 엄청난 부담이 되었다. 모든 걸 완벽하게 대비해야 하기 때문에, 부모님 생신날 가족들끼리 식사할 장소를 정하는 일이든, 회사에서 1박 2일 MT 갈 숙소를 구하는 일이든, 친구들끼리 여행 갈 계획을 짜는 것이든 간에 내겐 모두 어마어마한 스트레스였다. 혹시라도 내 예상과 다른 일이 생겨서 완벽하게 해내지 못할까 봐 너무 힘이 들었다. 제 아무리 미리 답사를 하고 준비한다고 해도 항상 별의별 변수가 다 생기곤 했다.

그때마다 난 울고 싶은 심정이 되었고 "난 변수가 생기는 게 정말 싫어!" 하는 소리가 절로 나왔다. 그렇게 내가 완벽하게 통제할 수 없는 일에 매달려 애쓰고, 또 애쓰는 동안 내 에너지는 급속도로 소진되어 갔다. 번아웃은 이런 나의 통제 욕구와 완벽주의가 초래한, 너무나도 자연스러운 결론일 뿐이었다.

내가 원하는 일만
하고 싶어

친구들이 나를 보며 늘 했던 말이 있다. "조민영으로 사는 건 너무 피곤할 것 같아. 난 네가 아니라서 정말 다행이야." 나는 무척 계획적인 사람이다. 아침마다 오늘의 할 일을 정리하는 'To do list'를 적는 것으로 하루를 시작한다. 단순히 오늘 할 일을 리스트로 적는 수준이 아니라 완벽한 하루를 위한 스케줄표를 짜는 것이다. 장소별 최소 이동 시간부터 누군가를 만날 때 쓸 수 있는 최대 시간, 식사하는 시간까지 고려한 최적의 동선인 셈이다. 할 일을 순서대로 정해놓고 시간 안에 딱딱 끝내가면서, 마치 게임 속 미션을 하나씩 클리어하듯이 리스트의 목록을 지워가는 쾌감이 있었다. 'To do list'에 적은 일들을 하나도 빠짐없이 다 수행했을 때는 큰 만족을 느꼈다. 오늘도 잘 살았다, 뭐 이런 느낌?

그러다 보니 당연히 내가 제일 싫어하는 것 중 하나가 내 예상대로 되지 않는 것이었다. 내가 고려하지 못했던 어떤 일이 갑자기 생기는 바람에 내 계획에 차질이 생기는 것은 엄청난 스트레스로 다가왔다. 그리고 이 스트레스를 유발한 어떤 대상에 대해선 엄청난 분노가 올라왔다. 누군가 내게 미리 말도 하지 않고 갑자기 어떤 일을 통보할 때마다 미칠 듯한 짜증이 치솟았다. 누군가의 미숙함으로 인해 계획에도 없던 일이 더 생길 때마다 그 누군가가 너무 밉고 원망스러웠다. 그리고 나처럼 계획적으로 사는 게 아니라, 자기 기분대로 멋대로 행동하며 이랬다저랬다 하는 사람을 볼 때는 순도 100퍼센트의 증오를 느끼곤 했다.

나는 이렇게 모든 걸 내 뜻대로, 내 방식대로 하고 싶은 통제 욕구가 너무 강하기 때문에 내 뜻대로 되지 않는 경우나 내 방식대로 할 수 없는 경우엔 견뎌내는 힘이 보통 사람들보다도 현저하게 떨어졌다. 내성이 떨어진다고 해야 할까, 아니면 인내심이 적어진다고 해야 할까? 어느 쪽이든 나는 약간의 스트레스에도 지독하게 취약한 모습을 보였고, 작은 변화에도 마치 신경줄이 끊어질 것처럼 예민하게 굴었다.

방에서 컴퓨터로 내 할 일을 하느라 정신없이 바쁜데 엄마가 빨래 좀 같이 널자고 하면 화가 났다. 상사가 또 뭔가 새로운 일을 벌이려고 하면 화가 났다. 아무리 좋아하는 사람이라도 미리 한마디 말도 없이 집 근처까지 와서 보고 싶다고 하면 화가 났다. 난 그냥 조용히 밥을 먹고 싶은데 종업원이 와서 괜히 친절하게 음식이 어떤지 물으면 그것도 화가 났다.

심지어는 내가 하고 싶은 일을 할 때조차도 내가 원하는 방식으로 진행되지 않으면 금방 하기 싫어졌다. 수업이나 강의를 의뢰받으면 기분이 매우 좋다. 그런데 그들이 원하는 강의 주제나 원하는 강의 방식이 내 생각과 다르거나 나에게 계속해서 자기들이 원하는 것들을 요구하면 짜증이 나기 시작한다. 수업이나 강의를 의뢰받았다는 건 본질적으로 그들이 필요로 하는 바로 그것을 주기 위함임에도 불구하고, 나는 내 기준에서 가장 좋아 보이는 것을 주려 했다. '당신들, 이런 게 필요해 보이는데?' 하고 말이다.

회의 같은 것도 마찬가지다. 내가 생각하기에 중요한 안건들 위주로 내가 생각한 속도로 진행되다가 내가 생각한 결론에 이르지 않으면 또 화가 났다. 이쯤 되면 모든 것이 내가 원하는 대로 다 이루어져야 한다는 생각이야말로 '병'일지도 모른다는 확신이 든다. 이것 또한 앞장에서 말했던 불가능한 헛된 기대의 일종인 것이다.

원하는 것과 원하지 않는 것은 동전의 양면처럼 붙어 있다. 원하는 것을 얻기 위해선 원치 않는 것까지 받아들여야 한다. 내가 원하는 달고 맛있는 것만 얻을 순 없다. 속상하지만 이건 반드시 받아들여야 하는 전제 조건이다.

H는 남편은 사랑하지만 시댁은 너무 싫어했다. 그녀는 남편을 시댁에서 완벽하게 떼어내서 남편하고만 살 수 있는 방법은 없는지, 늘 그 고민만 하며 살았다. 그렇게 될 수만 있다면 너무 행복할 것 같다고 했다. 하지만 남편과 시댁은 혈연으로 엮인 가족이자 태어나서 지금까지의 모든 기억을 공유한 공동체다. 남편이 시

댁과 사이가 좋든 나쁘든 간에 절대로 끊어지지도 않을뿐더러 분리할 수도 없다. 그렇기 때문에 남편을 사랑한다면 원치 않는 시댁도 받아들여야 하고, 시댁을 정말 참을 수 없다면 아무리 사랑하는 남자라도 포기할 수밖에 없는 것이다.

　자기가 좋아하는 것만 받아들이고 싫어하는 것은 거부하려고 하는 불가능한 욕심을 부리는 순간 인생은 피곤해진다. 이런 사람들은 자신을 방해하는 게 아무것도 없는 세상을 꿈꾼다. 모든 것이 나를 위해서만 존재하는 세상! 내가 책을 읽고 싶으면 그 시간 동안 어떤 것도 나를 방해하지 않고, 내가 원하는 만큼 자는 동안은 그 어떤 것도 나를 깨울 수 없고, 내가 뭔가를 먹고 싶으면 누군가가 바로바로 만들어서 갖다 주고, 내가 관심 없는 일 따위는 한 개도 하지 않아도 되고, 오직 내가 하고 싶은 대로 얼마든지 할 수 있다면 얼마나 좋을까! 하지만 우리는 이 세계의 왕이 아니다. 이 우주는 나를 위해 돌아가지 않는다. 내가 내 맘대로 조종할 수 있는 게 하나도 없다. 우리는 그런 세상에 살고 있는 것이다.

　삶이라는 것의 실체와 정반대되는 것을 꿈꾸며 사는 사람은 불행하다. 세상 전체가 내 뜻대로 움직여주길 바라는 무지막지한 기대와 욕망을 품고 있는 한, 내가 행복해질 수 있는 확률은 매우 줄어든다. 이게 그냥 결론이다. 내가 그토록 자주 짜증나고, 화가 나고, 미칠 것만 같은 이유는 안 되는 일이 되길 바랐기 때문이다. 하지만 안 되는 건 안 되는 것이다. 이걸 받아들일 수 있느냐 없느냐에 내 행복이 달려 있다.

뭐든
최고여야만 해

나는 늘 춤을 배워보고 싶었다. 제일 배우고 싶었던 건 솔직히 방송 댄스. 아이돌 백댄서 같은 춤이었지만, 나이가 마흔이 넘다 보니 차마 해보겠다는 소리가 나오질 않았다. 설령 배우러 간다 해도 거울 앞에서 파릇파릇한 어린 친구들과 섞여 해볼 엄두가 나지 않았다. 괜히 분위기나 다운시키고, 민폐가 되지 않을까 걱정이 되기 때문이었다. 게다가 무릎도 약간 걱정이 되는 게 사실이었다. 앞으로 오래오래 쓰려면 좀 조심해야 하지 않을까 싶은 마음이 드는 것이다.

사실 정말로 춤을 배워볼 생각에 세 번 정도 학원을 찾아간 적이 있었다. 첫 번째로 갔던 곳은 재즈 댄스를 하는 곳이었는데, 사람들이 수업하는 걸 창 너머로 구경하다가 등록도 하지 않고 바로 줄행랑을 쳐버렸다. 그때 나는 재즈 댄스의 기본 걸음걸이를 연습하는 장면을 보았다. 교실을 대각선으로 가로지르면서 자기가 세상에서 제일 잘났다는 듯이 가슴을 쫙 펴고, 턱을 위로 치켜들고, 아주 자신만만하게 걷는 연습이었다. 그걸 보는 순간 나는 죽었다 깨어나도 저렇게는 걷지 못할 것 같다는 생각에 도망을 쳤다. 그건 내가 도저히 할 수 없는 일이었다.

두 번째로는 친구와 같이 탭댄스를 배우러 갔었다. 대학에서 뮤지컬을 가르치면서 브로드웨이의 전설적인 탭 댄서들의 춤을 영상으로 수없이 봐왔기 때문에 잘하면 나도 할 수 있지 않을까 하는 기대감이 있었던 것 같다. 하지만 막상 연습을 시작하자 내가 탭댄스를 하기에 적합한 신체적 조건이 아니라는 사실이 금방 드러났다. 탭 슈즈를 신고 다른 사람들과 거울 앞에 나란히 서서 마루에 발을 구르는 기본 동작을 반복 연습하는 중이었다. 다른 사람들은 제자리에 그대로 선 상태로 발을 잘만 구르는데, 이상하게 나만 발을 구를수록 몸이 뒤로 밀리면서 라인에서 이탈하는 것이었다. 선생님이 나를 보더니 다리에 근육이 없어서 지탱을 못해주기 때문이라고 했다.

거울에 비친 내 모습이 싫었다. 다른 사람들은 다 잘하는데 나만 유독 못하는 걸 도저히 견딜 수가 없었다. 처음엔 누구나 다 헤매고 못할 수밖에 없다는 걸 머리로는 알면서도, 나는 그럴 수 없다고 생각했다. 처음이든 아니든 간에 나는 뭐든지 잘해야만 했다. 어디서나 두각을 나타내고 칭찬받는 그런 사람이어야 했다. 하지만 거울 속의 나는 내가 상상했던 모습과는 너무 달랐다.

팔다리가 따로 놀아 어설프기 짝이 없는 꼬락서니를 도저히 참을 수가 없었다. 결국 무릎이 아프다는 둥 온갖 핑계를 대면서 3주 만에 그만두었다.

세 번째로 갔던 곳은 벨리 댄스를 배우는 곳이었다. 내가 머리만 쓰고 몸을 너무 안 쓰는 데다 나의 여성성을 지나치게 억압하고 있는 것 같은 생각이 들어서 여러 가지 균형을 이루고자 벨리 댄스를 배우기로 결심했다. 벨리 댄스 의상을 갖춰 입고 거울 앞에 선생님과 나란히 섰을 때, 제일 먼저 바지 위로 툭 튀어나온 내 아랫배가 너무 창피했다. 선생님은 군살 하나 없이 날씬하고 모든 동작이 우아하기 이를 데 없는데, 나는 어떤 동작을 하든 투박하고 거칠고 우스꽝스러운 게 부끄러웠다. 막대기처럼 뻣뻣한 데다 박자도 못 맞추고 겅중겅중 뛰어다니는 나를 보는 것이 너무도 고통스러웠다. 오랜 시간 춤으로 단련되어 지금의 모습이 되었을 선생님과 난생 처음 배우는 나를 비교한다는 게 말도 안 되는 일이라는 걸 머리로는 다 알고 있었다. 그래도 선생님보다 못하는 게 싫었다. 그리고 이번에도 무릎이 아프기 시작했다. 너무 열심히 잘하려다 인대에 무리가 간 것이었다. 결국 또 4주 만에 그만둘 수밖에 없었다.

처음엔 '나랑 춤이 안 맞나?', '나는 근육이랑 관절이 약해서 운동할 팔자가 아닌가?'라고 생각했다. 하지만 문제는 그게 아니었다. 나는 뭐든 못하는 게 싫어서 항상 내가 잘하는 것만 하려고 했다. 설령 내가 아무리 초보라도 초보 중에서는 내가 제일 잘해야 했다. 나보다 더 잘하는 사람이 있으면 김이 샜고, 노력해봤자 그 사람을 따라잡지 못할 것 같으면 쉽사리 포기해버렸다. 당장 잘하기를 원했기 때문에 항상 진득하게 참지 못했다. 내가 못하는 걸 참고 견딜 수 있는 기간은 고작해야 한 달이었다. 그 안에 어떻게든 잘 해내든가 아니면 포기하든가.

생각해보면 꼭 춤만 그런 것도 아니었다. 중3때 예고를 가려고 화실에서 그림을 배웠었다. 미술에 재능이 있다고 생각했고, 성실한 타입이라 학원에서 가르쳐준 대로 잘 배워서 곧잘 그린다는 평가를 받았다. 그러던 어느 날 나보다 한 살 어린 후배가 화실에 새로 들어왔다. 나는 그 애가 그린 수채화 그림을 보고 큰 충격을 받았다. 그건 학원에서 가르쳐주는 식의 붓 터치가 아니었다. 너무나 독창적이고 어디서도 본 적 없는 새로운 그림이었다. 나는 그걸 보고 나서 기가 팍 죽었다. 그런 재능은 내가 도저히 이길 수 없다고 생각했다. 이기지 못할 바엔 아예 포기하는 편이 나았다. 그래서 화실을 그만두었고 예고 가는 것도 포기했다. 최고가 되려는 마음이 있는 한 안 될 것 같으면 금방 포기하는 마음도 세트로 존재하는 것 같다.

난 항상 최고여야 했다. 어디서 뭘 하든 간에 그 일을 가장 잘하는 사람은 반드시 나여야 했다. 제일 성실하든, 제일 개성이 강하든, 제일 책을 많이 읽었든, 제일 공연을 많이 봤든, 뭐든 좋으니까 내가 최고여야만 직성이 풀렸다.

고등학교 다닐 때가 떠올랐다. 고등학교 때 수학 선생님은 수업 중에 입이 많이 마르기 때문에 매번 물을 준비해주는 학생, 일명 '물녀'를 필요로 하셨는데 내가 우리 반 물녀였다. 그 얘긴 나 말고도 각 반마다 물녀가 있었다는 것이다. 당연히 나는 '전교에서 최고의 물녀'가 돼야겠다고 생각했다. 그래서 요일별로 매번 다른 색깔의 물병을 준비했다. 계절마다 적합한 온도의 물을 제공하기 위해서 여름엔 에어컨 앞에다가 물병을 쭉 올려놓았고, 겨울에는 뜨거운 물이 식지 않게 하려고 내 품 속에 넣고 뛸 정도로 애를 썼다. 한마디로 차원이 다른 서비스를 제공하려 했다. 난 최고에 미친 사람이었다.

사정이 이렇다 보니 난 최고가 아닌 무언가를 보는 걸 힘들어했다. 공연이나 강연, 심지어 노는 것까지도 뭔가 어설픈 것을 보는 게 너무 힘들었다. 그런 의미에서 내가 제일 보기 싫어하는 프로그램이 바로 '전국노래자랑'이다. 그 동네에선 나름 최선일지 몰라도 최고와는 거리가 너무 먼 사람들이 나와서 자신을 뽐내는 걸 보고 있노라면 솔직히 곤욕스럽고 불편했다. 어떻게 저런 무모한 용기를 낼 수 있는 건지도 모르겠고, 그걸 보며 즐거워하는 사람들도 이해되지 않았다. '나 같으면 절대 못 나가. 아니, 안 나가!'라는 생각만 들 뿐이었다.

사실 제일 이해가 안 되는 건 바로 나 자신이었다. 나 또한 그들과 마찬가지로 최고가 되지 못하는 그저 평범한 한 사람일 뿐이다. 어떤 분야에서는 약간의 재능이 있긴 하지만 그걸로 최고가 되기엔 역부족이다. 세상엔 잘하는 사람, 뛰어난 사람이 너무

많기 때문이다. '최고'만이 가치가 있는 세상에서 내가 그 '최고'가
될 수 없다면, 나에 대해 내릴 수 있는 평가란 그저 '가치 없는 사
람'일 수밖에 없다. 그게 바로 무의식중에 내가 나를 평가하는 방
식이었던 것이다. 아니면 현실을 인정하지 못하고 망상에 빠져서
'나는 아직 발견되지 않은 숨겨진 최고야!'라고 자신을 과대평가
하며 착각 속에 살든가.

　　최고가 되려고 하는 바람에 중간도 되어보지 못한 일들이 너
무 많아서 후회스럽다. 생각해보면 최고가 될 수 없다는 이유로
제대로 즐겨보지도 못하고 쉽게 포기해버린 것들이 너무나 많았
다. 흔히 '최고보다 최선'이라는 말을 많이 하는데, 내가 최선을 목
표로 삼았다면 어땠을까? 못하는 나를 조금만 더 참고 견뎌줬더
라면 최선을 이루어낼 수 있는 다양한 활동들을 풍성하게 누릴 수
있었을 텐데! 최고는 언제나 단 한 명뿐이라 될 수 있는 확률이 희
박하지만, 최선은 얼마든지 가능한 일인데! 아…, 참 아쉽다.

완벽하게
다 갖춰야 해

평소 내가 물욕物慾(금전이나 물건을 탐내는 마음)이 많은 편이라고 생각한 적은 없었다. 물욕이라고 하면 왠지 백화점에서 쇼핑 가방을 양 손에 몇 개씩 들고 다니는 사람들이 떠오르기 때문에, 내가 그들과 같진 않다는 생각이 들었다. 딱히 못 가져서 안달하거나 심하게 과소비하는 것도 아니고, 원하는 거라곤 그저 소소한 것들뿐이니 그런 게 물욕은 아닐 거라고 생각했다.

그럼에도 불구하고 지금까지 내 인생에서 가장 많은 돈을 들여서 사들인 것이 바로 뮤지컬 관련 자료들이었다. 대학교 2학년 때 처음 뮤지컬에 빠지게 된 이후로 나는 뮤지컬과 관련된 것이라면 무조건 다 모으기 시작했다. 뮤지컬 OST와 프로그램, 전단지는 기본이요, 해외에서 뮤지컬 DVD와 원서 대본, 뮤지컬 관련 각종 이론서들을 사들였고, 나중에는 전 세계의 온라인 중고 시장을 뒤져서 1900년대 초의 브로드웨이 리플렛 같은 희귀한 자료들까지 수집하기 시작했다.

처음엔 그냥 뮤지컬이 너무 좋아서 하나둘 사 모으기 시작한 것이었지만, 물건을 사면 살수록 '완벽하게 다 갖추고 싶다'는 욕망이 생겼다. 대학에서 가르치기 위해 뮤지컬 역사를 본격적으로 공부하기 시작하면서부터는 각 시기에 해당하는 모든 명작들을 다 소유하고 싶은 마음이 더 커졌다. 또 남들은 잘 모르는 숨은 명작들까지 알게 되는 바람에, "어머, 이건 꼭 사야 돼!" 하는 물건의 수는 기하급수적으로 늘어났다. 일주일에도 몇 번씩 아마존에서 발송된 택배가 두세 개는 배송되었다. 하지만 별로 죄책감은 들지 않았다. '꼭 필요한 자료들'이라는 이유로 내가 과소비를 하고 있다는 생각은 전혀 하지 않았기 때문이었다.

자료가 워낙 많다 보니 수업에 다양하게 활용할 수 있었고, "이런 건 도대체 어디서 구하셨어요?"라는 질문을 받을 때마다 어깨가 으쓱했다. 뮤지컬 마니아들 사이에서도 내가 가진 자료를 빌려 보고 싶어 하는 사람들이 늘어나면서, 내가 '골수 마니아'라는 자부심이 커졌다. 이내 자타공인 국내 최고의 뮤지컬 마니아가 되고 싶은 욕심이 생겼다. 그래서 더 사 모으기 시작했다. 이미 갖고 있는 게 많았음에도 불구하고, 나에게 없는 것에만 관심을 두다 보니, 구멍이 있는 부분을 모두 메우려는 것처럼 사야 할 목록들이 끝도 없이 늘어났다. 각 시대별, 각 장르별로 유명한 뮤지컬에 관한 자료들을 완벽하게 다 갖추고 싶은 마음이 결국 나를 물욕의

화신으로 만들어버렸다.

　어느 시점부터는 내가 소유한 뮤지컬 자료들의 양이 곧 나의 실력이라는 착각을 하기 시작했던 것 같다. 더 많은 것을 소유해야만 내 가치가 더 올라간다고 생각했기 때문에 절대 멈출 수가 없었다. 그러다 보니 내 방은 포화 상태가 되어서 빈 공간을 찾아볼 수 없게 되었고, 책꽂이에 책을 이중으로 꽂는 것으로도 모자라 방바닥에서부터 탑처럼 쌓아올리기 시작했다.

　아마 그 즈음부터였을 것이다. 내가 물건들에 짓눌리고 있다는 느낌을 갖게 된 것이. 한때는 책꽂이에 가득한 원서나 CD들을 보고만 있어도 가슴이 뿌듯하고 기분이 좋아졌었는데, 이제는 그것들에 눌려 질식해 죽을 것만 같았다. 이 많은 자료들을 소유하고는 있지만, 실제로 이것들의 내용을 내가 소화한 것이 아니라는 걸 누구보다도 내가 가장 잘 알고 있었기 때문이다.

　남들은 내가 가진 CD와 DVD를 당연히 모두 듣고 보았을 거라고 생각하겠지만, 사실 그렇지 않았다. 소화하는 속도보다 사들이는 속도가 훨씬 빨랐기 때문에 포장을 뜯지도 못한 CD나 DVD들이 태반이었다. 시간이 갈수록 내 스스로가 공갈빵 같다고 느껴졌다. 잔뜩 부풀어 올라서 굉장히 커 보이지만 실은 속이 텅 비어 있는 존재. 뮤지컬 자료가 많아지면 많아질수록 '나는 가짜, 사기꾼, 뻥쟁이' 같은 느낌도 같이 커져갔다. 그렇다. 텅 비어 있는 속을 가득 채운 건 불안감이었다. 방 안에 가득한 자료들을 볼 때마다 '빨리 읽어야 하는데… 빨리 봐야 하는데…' 하는 조급한 마음만들 뿐, 내 손은 어느새 습관처럼 또 다른 무언가를 사기 위해 검색을 하고 있었다. 이쯤 되면 확실한 중독이었다. 오랜 시간이 걸려서야 그 사실을 깨달았지만 쉽게 벗어날 수는 없었다.

그렇게 여태껏 전 재산을 투자해 사 모은 물건들이 아까워서 이러지도 저러지도 못하고 무겁게 짊어지고 살던 나에게 번아웃이 찾아왔다. 더 이상 아무것도 할 수 없는 상황, 기존에 하던 일이 모두 끝나버린 상황에서 천장까지 차 있는 나의 뮤지컬 자료들은 그야말로 무용지물, 엄청난 짐 덩어리에 불과했다. 꼼짝 못 하고 누워서 그걸 바라보고 있노라면 하염없이 눈물만 흘렸다. 그러던 어느 날 문득 깨닫게 되었다. 그동안 내가 나의 부족함을 저 물건들로 채워보려고 용을 썼다는 것을. 많은 자료를 보유하면 특별한 사람이 될 수 있는 것처럼 나 자신을 속여 왔다는 것을. 사실 나는 진짜가 아니라 가짜라는 생각에 늘 괴로워했으며, 물건들에 짓눌린 나머지 숨 막히는 부담과 후회 속에 살아왔다는 것을 말이다. 이제는 거기에서 벗어나야만 하는 때가 온 것이다.

나는 내가 가진 모든 뮤지컬 자료들을 분류해서 포장하기 시작했다. 그리고 박스마다 이름을 붙였다. 희귀 자료로 가치가 있는 옛날 뮤지컬 CD나 프로그램들은 국립예술자료원에 기증하고, 귀한 뮤지컬 전단지들은 자료를 스캔해서 인터넷에서 공유하는 사이트를 운영하고 있는 어떤 분에게 전부 기증했다. 악보는 뮤지컬 하는 제자들에게 나눠 주고, 가지고 있던 동영상들은 클라우드에 올려서 제자들과 공유했다. 10년 동안 구독한 뮤지컬 잡지, 각종 원서들과 DVD들은 내가 몸담았던 대학에 다 나눠서 보냈다. 그리고 상태가 좋은 것들은 중고서점에 가서 팔거나, 아니면 구세군에 기증했다. 모든 것을 다 나눠주고 나니 나에게 남은 것들이 보였다. 내가 직접 줄 치면서 공부하고 깨알같이 뭘 적으면서 내 것으로 만들었던 책들과 수백 번을 들어서 손때가 묻을 정도로 낡은 뮤지컬 CD들만 남았다. 더럽고 낡아서 도저히 팔 수도, 줄 수도 없는 것들. 즉, 원래부터 정말 내 것이었던 것들만 남은 것이다.

속이 시원했다. 가슴을 짓누르던 돌덩이가 사라진 기분이었다. 그제서야 숨이 제대로 쉬어졌다. 다시 온전한 나로 돌아온 것 같은 자유를 느꼈다. 아직도 나에게 그 수많은 자료들에 대해 이야기하며 나보다 더 아까워하는 사람들을 종종 만난다. 너무 아깝지 않냐고, 그 귀한 것들을 어떻게 다 나눠 줄 수가 있냐고. 그때마다 나는 그냥 웃는다. 아까울 리가 없지 않은가! 그것들은 내 어리석음과 결핍의 증거이자, 내 삶을 좀먹는 괴물이었는데. 이젠 그것을 소유하지 않음이 오히려 자랑이 되었다.

이 극단적인 체험 이후로, 나는 물건을 사들일 때마다 내가 어떤 마음 때문에 또 이걸 사려고 하는지에 대해 생각하게 되었다. 지금도 여전히 내 삶에서 가장 많은 지출이 일어나는 부분은 책이다. 이젠 뮤지컬이 아니라 그림책이나 심리학 책이지만. 그런데 매달 가계부를 정리하다 보면 책값 지출 총액이 눈에 띄게 달라진 걸 볼 수 있다. 어느 달에는 책을 거의 안 사고, 또 어느 달에는 미친 듯이 사들이는 것이다. 왜 이런 차이가 생기는 것일까?

　어이없게 들릴지도 모르지만, 내가 책을 사는 양은 곧 나의 자존감의 양과 반비례한다. 내가 스스로를 괜찮은 사람이라고 여길 때는 책을 그렇게 많이 살 필요성을 못 느낀다. 그런데 자존감이 평소 상태보다 떨어지게 되면 무지막지하게 책을 사들인다. 마치 책을 사는 양만큼 내 지식과 자존감이 채워지는 것처럼 말이다. 자존감이 떨어지면 미래에 대한 불안도 같이 엄습한다. 그래서 보다 많은 책이 꼭 필요할 것 같고 모두 소장해야만 안심이 되는 것이다. 하지만 그런 결핍감과 불안 때문에 충동적으로 사재기한 책들은 '이걸 뭐 하러 샀지?' 싶어지는 순간 의미를 잃는다.

　나에게는 낮은 자존감과 불안을 일시적으로 채워주는 대상이 책이었지만, 사람마다 그 대상은 다를 수 있다. 누군가는 먹을 것을 사면서 허전함을 채울 것이고, 누군가는 자신을 좋아 보이게 만들 수 있는 옷이나 악세사리, 가방 같은 것을 사면서 빈 가슴을 채울 것이다. 또 누군가는 그런 불쾌한 감정을 잊기 위해 술을 마시거나, 아니면 일이나 취미 활동에 몰두할 수도 있겠다.

　혹시 내가 좋아서 하는 것도 아니고, 꼭 필요해서 하는 것도 아니고, 이러면 안 되는데 하면서도 멈추지 못한 채로 과도하게 하고 있는 일이 있는가? 그렇다면 그런 행동을 유발시키는 근원적인 원인에 대해 반드시 생각해봐야 한다. 무엇이 당신을 초조하고 불안하게 만드는지 말이다.

남과 비교했을 때
지는 건 기분 나빠

할 수만 있다면 안 하는 게 제일인 것 중 하나가 바로 '비교'다. 웬만하면 사소한 비교라도 시작하지 않는 것이 좋다. '비교'는 '욕망'과 마찬가지여서 한번 시작하면 한도 끝도 없기 때문이다. 일단 비교의 안경을 끼고 세상을 보기 시작하면 멈추는 게 굉장히 힘들다. 처음엔 한 가지 요소를 가지고 비교하다가, 나중엔 내 모든 요소를 가지고 남들과 비교하게 되고, 급기야 이 세상 모든 것과 비교를 하게 된다.

이 사람이 나보다 지위가 높은가 낮은가? 이 사람이 나보다 똑똑한가 멍청한가? 이 사람이 나보다 학벌이 좋은가 나쁜가? 이 사람이 나보다 예쁜가 못생겼는가? 이 사람이 나보다 키가 큰가 작은가? 이 사람이 나보다 실력이 좋은가 나쁜가? 이 사람이 나보다 재능이 많은가 적은가? 이 사람이 나보다 돈이 많은가 적은가? 이 사람에게 내게 없는 남편, 남자 친구, 아이가 있는가? 이 사람의 가족이 나의 가족보다 화목한가 아닌가? 이렇듯 비교는 끝이 없다. (비교를 하는 기준이 다 이분법적 사고 - 좋은지 나쁜지, 많은지 적은지, 있는지 없는지 - 에서 비롯된 것이라는 게 이젠 보이는가?)

　하지만 아무리 비교를 하지 않으려고 해도 저절로 비교가 되는 면이 있는 것도 사실이다. 나 스스로는 키가 그리 작은 편이 아니라고 생각했음에도 불구하고, 키가 훤칠한 사람이 내 옆에 와서 선다면 나는 그 순간 바로 키가 작은 사람이 되어버린다. 나 스스로는 그리 못 생겼다고 생각하지 않고 살았음에도 불구하고, 연예인급으로 생긴 누군가가 내 옆에 앉으면 나는 삽시간에 못 생긴 사람처럼 느껴진다. 그 상황에서 '아니야, 난 키가 작지 않아!' 혹은 '아니야, 난 절대 못 생기지 않았어!'라고 생각하기란 거의 불가능하다. 그건 그냥 현실 부정일뿐이다. 그렇다면 어떻게 해야 할까?

　현실을 있는 그대로 바로 인정해버리는 게 속 편하다. '어이쿠, 저 여자 옆에 서니까 내가 좀 작아 보이는구먼?', '와, 저 남자 옆에 앉으니까 내가 굉장히 못생긴 것처럼 느껴지네?' 그냥 그렇게 생각해버리는 것이다. 거기까지. 그걸 인정했다고 해서 내가 '키 작은 사람', '못 생긴 사람'으로 영원히 고정되는 게 절대 아니기 때문이다. 그런데도 그걸 인정을 못 하고 분하게 여기거나 자존심 상해하거나 수치스러워하면 나를 그런 기분에 빠지게 만든 상대방이 미워진다.

　엄밀히 말해서 그 사람이 잘못한 것은 아무것도 없는데도 불구하고, 나한테 이런 더러운 기분을 느끼게 한 죄를 상대방에게 뒤집어씌운다. 그러면서 속으로 이렇게 구시렁댄다. '쳇, 키만 멀대같이 큰 주제에!', '쳇, 얼굴만 반반하면 다야?' 이렇게 욕을 하고 나면 기분은 더 나빠지고, 그땐 진짜 못난 내가 되어버린다. 비교를 해서 남는 거라곤 결국에 초라하고 쓸모없고 무가치한 나뿐이다. 이건 100퍼센트 내가 지는 게임이다.

사실 모든 사람은 세상에 하나뿐인 존재다. 그래서 한 줄로 쭉 세워놓고 누가 더 나은지 서열을 매길 수 없다. 왜? 우리는 다 다르기 때문에. 같은 종류의 도토리라면 한 줄로 세워놓고 누가 크고 작은지를 재어볼 수도 있겠지만 도토리, 멸치, 오이, 잠자리, 포도처럼 전혀 다른 대상들을 어떻게 한 가지 기준으로 비교할 수 있겠는가? 우리 모두에게 공통적으로 적용될 수 있는 기준이라는 것은 없다. 어떤 기준을 들이대더라도, 그건 그 존재의 일부만을 가지고 비교하는 것일 뿐이다.

A가 B보다 운동을 못한다고 치자. A는 B보다 운동에 있어서 열등한 존재다. 그런데 A는 B보다 그림을 잘 그린다. 그땐 B가 A보다 열등한 존재가 된다. 그럼 A와 B 중엔 누가 더 우월한 존재인가? 말할 수 없다. 심지어 가치를 매기기 애매한 기준들도 있다. C는 고집이 있다. 이것이 우월한 것인가, 아니면 열등한 것인가? 고집을 부리지 말아야 할 부분에서 옹고집을 부리는 걸 의미하는 거라면 나쁜 것이겠지만, 어려운 상황에서도 일을 끝까지 처리하기 위해 고집 있게 추진하는 거라면 의지력과 인내심이 강하다고 평

가할 수 있다.

　게다가 우월과 열등을 나누는 기준조차도 사람마다 다르다. 모두가 자기 기준에서 누군 우월하고, 누군 열등하다고 평가할 뿐이다. 어떤 꼬마는 자신이 옆집에 사는 친구보다 변신 로봇을 더 많이 갖고 있기 때문에 자기가 더 우월하다고 생각한다. 반면에 그 옆집에 사는 친구는 자신이 친구가 더 많기 때문에 그 꼬마보다 더 우월하다고 생각한다. 또 누군가는 사회가 인정하는 좋은 대학을 나와서 좋은 직장에 들어가 좋은 집안 사람과 결혼한 것을 우월하게 생각하지만, 다른 누군가는 자기가 원하는 일을 선택해 원하는 대로 할 수 있는 자유를 누린다는 것을 우월하게 생각할 수도 있다.

　한 사람이 모든 분야에서 뛰어날 순 없다. 그건 불가능하다. 따라서 내가 잘하는 분야와 못하는 분야가 누구에게나 있게 마련이다. 그렇기 때문에 나는 때로는 훌륭하고, 때로는 훌륭하지 못하다. 그게 진실이다. 그런데 사람들은 자꾸만 자기가 훌륭하지 못한 분야에서 남들과 비교를 시작함으로써 자기 자신을 궁지로 모는 고약한 게임을 할 때가 많다. 자신이 지닌 것의 가치는 과소평가하면서, 자신에게 없는 것을 가지고 남과 비교하면서 스스로를 깎아내린다.

　내게 없는 것, 내가 잘 못하는 것을 가지고 남과 비교했을 때 온전할 수 있는 사람은 아무도 없다. 누구든 금방 멘탈이 너덜너덜해질 것이다. 자신의 가치를 잃게 되는 건 이토록 쉽다. 그럴 땐 빨리 시선을 다른 데로 옮겨야 한다. 내가 가진 소중한 것들을 먼저 보고, 내가 관심 있어 하는 것, 그리고 내가 진짜로 원하는 걸 봐야 한다. 이 부분이 확실하게 연습되어 있으면 그리 쉽게 흔들리지 않는다.

보통 자기 자신을 잘 모르는 사람들이 비교의 늪에 더 쉽게 빠지는 것 같다. 이것 말고 저것도 잘해야 할 것 같고, 이것 말고 저것을 가지는 게 최고인 것 같고, 이렇게 말고 저렇게 해야만 올바르게 사는 것 같고…. 이 모든 것들이 자기만의 확고한 기준이 없기 때문에 생기는 일이다. 나는 어떤 사람인가, 내가 잘하는 것은 무엇인가, 내가 원하는 건 어떤 건가…. 이러한 근원적인 질문들에 대해 스스로 답을 할 수 없다면, 언제 어디서라도 막무가내식 비교의 광풍에 휘말릴 수 있다.

비교가 진짜 무서운 이유는 내가 남보다 나은가 아닌가에 나의 행복이 달려 있기 때문이다. 그러면 나는 나보다 잘난 사람이 없을 때만 행복하고 만족할 수 있는데, 그건 절대 불가능하다. 항상 내 위로 잘난 사람들이 끝도 없이 있기 때문이다. 나보다 잘난 사람 앞에서는 위축되고, 나보다 못난 사람 앞에서는 거들먹거리고, 나보다 잘난 사람 앞에 서면 자존심이 상하고, 나보다 못한 사람 앞에 서면 우월감에 도취되고, 나보다 잘난 사람 앞에선 굽신거리고, 나보다 못한 사람 앞에선 군림하려 든다. 그러하다면 나의 행복은 전적으로 남에게 달려 있는 것이다. 나의 가치는 언제나 어떤 사람 옆에 있느냐에 따라 오르락내리락 한다. 이런 게 바로 주체적이지 못한 삶이다.

　비교가 또 무서운 이유 하나. 한때 나보다 못났던 사람이 나보다 더 잘나게 되는 꼴을 죽어도 못 본다는 것이다. 나보다 잘난 사람들 상대하는 것만으로도 벅차 죽겠는데, 나보다 못난 사람들마저 내 위로 올라가려 한다면, 얼마나 미칠 노릇이겠는가! 그러다 보니 나보다 못난 사람은 계속해서 그 상태에 머물게 하려 든다. 그들의 자존감을 최대한 깔아뭉개서 절대로 나를 넘어설 수 없게 만들어야 하는 것이다. 만에 하나 상황이 변해서 나와의 관계가 동등해지거나 반대로 전복될 위험이 있거나 하면 바로 관계를 끊어버린다. 원래 나보다 잘나가던 사람들보다 나보다 못한 사람이 나를 능가하는 게 몇 백 배 더 속 쓰리기 때문이다.

　비교의 늪에 빠져 있는 한, 나는 아귀다툼 속에 있는 것이다. 깊은 우물 속에 갇혀서 누가 나보다 먼저 위로 올라가려고 하면 바지 자락을 잡아서라도 어떻게든 끌어내려야 하는 생지옥 속에 있는 셈이다. 당신은 정말로 그 속에 계속 머물고 싶은가?

마음 보충 수업

변화를 수용하라

당신은 변화에 대해서 어떻게 생각하는가? 변화가 좋은 가? 아니면 변화가 싫은가? 이 세상은 우리가 원하든 원치 않든 계속해서 변화한다. 만약 자연이 순환을 멈추고 특정 시점에서 고정되어버린다면 어떻게 되겠는가? 변하지 않으면 죽는다. 그래서 모든 것은 움직이고, 조금씩 각자의 속도에 맞게 변해가게끔 되어 있다.

안정을 원하는 마음

변화가 특히 달갑지 않을 때가 있다. 내 상황이 점점 더 나쁜 쪽으로 움직일 때, 더 이상의 추락이 너무 겁나서 제발 여기서 그만 멈춰줬으면 하고 바랄 때가 있다. 또 정반대로 내 상황이 아주 좋아서 이 행복을 영원히 유지하고 싶을 때도, 세상이 변하지 않고 그대로 있어주길 바라게 된다. 두 경우 다 '내' 사정에 맞춰서 세상이 변해주길 바라는, 지독히 자기중심적인 마음이다.

마음 보충 수업을 하면서 제자들과 대화할 때 의외로 가장 많이 나온 단어가 '안정'이었다. 다들 안정된 수입, 안정된 생활, 안

정된 직장, 안정된 커리어를 원했다. 그 말은 지금의 삶이 전혀 안
정적이지 못하다는 뜻일 것이다. 한 치 앞도 알 수 없을 만큼 불안
한 상황이 싫어서, 그들은 어떻게든 빨리 안정적인 사람이 되고
싶어 했다. 하지만 절대적인 안정이라는 게 과연 존재할까? 직장
에 들어가면, 월급을 많이 받으면, 내 집을 장만하면, 그때부터 안
정적인 건가? 이미 그렇게 된 사람들을 보면 답이 금방 나온다. 전
혀 아니다. 상대적으로 나보다 안정적으로 보일 뿐, 그들 역시 불
안하긴 매한가지다. 왜? 삶은 계속 변화하기 때문에 영원히 안정
적일 수 없다. 모든 것이 계속 변해간다. 새로운 일이 계속 터진다.
상황은 계속 바뀐다. 잠시도 그대로 있을 수 없다. 삶은 본래부터
고정된 게 아니라 계속 움직이는 것이기 때문이다.

우리의 삶은 파도와 같다. 파도 위에 떠 있는 순간에는 가만히
있어도 흔들리고 요동치지 않을 도리가 없기 때문이다. 우리가 제
아무리 안정적으로 살려고 애를 써도 파도 위에선 그런 시도가 다
헛된 것이 되고 만다. 파도 위에 살면서, 안정적일 수 있는 유일한
방법은 파도를 타고 움직이는 것이다. 파도를 따라 계속 변화해야
만 살 수 있다.

내 힘으로 할 수 없는 것들을 받아들이기

생각해보면 번아웃 이전의 내 삶은 세상만사를 내 뜻대로 움
직이기 위해 용쓰던 시간들이었다. 비유하자면 위에서 아래로 흘
러오고 있는 강의 한가운데에 서서 그 엄청난 물줄기를 모두 내가

원하는 쪽으로 바꾸려고 온 힘을 다해 막고 있는 형국이랄까? 결과는 뻔했다. 내 몸이 견딜 수 있을 때까지 억지로 버티고 또 버티다가, 결국 힘이 빠지자 급류에 휩쓸려서 하구까지 둥둥 떠내려가고 말았다.

나는 모든 일을 내가 원하는 때에, 원하는 방식으로, 원하는 결과를 만들기 위해 죽도록 노력했다. 물론 그것 자체가 잘못됐다고 말하는 것은 아니다. 하지만 '진인사대천명盡人事待天命'이라는 말도 있듯이, 사람이 할 수 있는 노력은 다하되 나머지 결과는 하늘에 맡겨야 한다. 하지만 나는 그러지 못했다. 나는 결과까지도 내 뜻대로 만들어내려고 했는데, 그건 절대로 내가 할 수 있는 부분이 아니었다.

영화 〈브루스 올마이티〉를 보면, 신이 되어보는 체험을 하는 브루스(짐 캐리)가 나온다. 하루에도 수억 건씩 올라오는 사람들의 요구사항들(기도) - 사랑을 이루게 해주세요, 취업하게 해주세요, 로또에 당첨되게 해주세요, 집을 사게 해주세요 - 이 순식간에 방 전체를 뒤덮자, 그는 미쳐버릴 것 같은 상태가 된다. 그래서 모든 소원에 그냥 일괄적으로 'YES'라고 허락했다가 세상이 난리가 나고 만다. 그 장면을 보면서 처음으로 입장을 바꿔서 생각해보게 되었다. 나는 내가 원하는 방식으로 세상이 맞춰주길 바랐다. 그건 나뿐만 아니라 지구의 모든 사람들도 다 마찬가지일 텐데, 그걸 무슨 수로 다 맞춰줄 수 있겠는가? 불가능하다. 그래서 삶을 받아들인다는 것은 어쩌면 내 힘으로 안 되는 부분이 있다는 사실을 받아들이는 건지도 모르겠다.

내가 아는 게 다가 아니라는 사실을 인정하기

또 한 가지 잊지 말아야 할 사실이 있다. 뭐든지 다 내 뜻대로 되는 것이 나에게 최선이 아닐 수도 있다는 점이다. 지금 당장은 내게 좋은 일이라고 생각했던 것이 나중에 내 발목을 잡을 수도 있고, 지금 당장은 재난이라고 생각했던 일이 결국엔 더 좋은 기회로 바뀌는 일은 얼마든지 있다.

내가 생각하는 완벽한 계획이란 사실상 내가 아는 것, 내가 경험해본 것 내에서 최선이라고 생각하는 아주 협소한 예측에 불과할 뿐이다. 내가 모르는 것, 내가 경험해보지 못한 것까지 다 합쳐서 생각해보면 그것이 나에게 전혀 최선이 아닐 수도 있다는 얘기다. 나에게 더 좋은 것은 얼마든지 있을 수 있고, 전혀 생각해보지 못한 일들이 가능해질 수도 있다.

그래서 심리학자 칼 구스타프 융Carl Gustav Jung은 "좋은 것은 더 좋은 것의 적이다. 사람들은 지금 상태를 잃게 될까 봐, 더 좋은 것을 추구하지 못한다."라고 말했다. 우리는 마치 내가 아는 게 전부인 것처럼 착각하는 것을 경계해야 한다. 세상은 넓고, 우리가 잘 모르는 것투성이다. 그 사실을 인정한다면 무엇인가가 내 뜻대로 되지 않을 때조차 여유를 가질 수 있다. 삶이란 어떻게 될지 아무도 모르는 일이니 말이다.

저절로 주어진 것들에 감사하기

통제 욕구와 완벽주의가 강한 사람들은 내 마음대로 안 된 부분만 가지고 불평불만을 일삼곤 한다. 내 계획을 망친 사람들과 상황들을 탓하면서 말이다. 하지만 그들이 놓치고 있는 게 있다. 바로 내가 하려고 애쓰지 않아도 저절로 주어진 것들에 대한 감사다.

세상이 우리에게 기본적으로 제공하고 있는 아주 질 높은 서비스에 대해서 우리는 굉장히 무심하다. 숨 쉴 수 있는 공기, 생물이 생장할 수 있게 만드는 햇빛과 물, 내가 원하는 일을 할 수 있도록 전적으로 협조해주는 우리 신체의 모든 기관들(눈, 코, 입, 귀, 뇌, 내장 기관들, 혈액의 순환 등), 이런 것들에 대한 감사는 그중 하나라도 없어져 보면 그제야 알 수 있다. 사실 우리는 이렇게 저절로 주어진 많은 것들에 의지해서 살아가고 있음에도 불구하고, 마치 이것들이 기본 옵션이라도 되는 양 자꾸만 내게 없는 것들만 추구하려고 한다.

그 유명한 니버의 기도에 나오는 문구가 바로 '통제 욕구와 완벽주의'에 대한 솔루션일지도 모른다. 우리는 "바꿀 수 없는 것은 받아들이는 평온을, 바꿀 수 있는 것은 바꾸는 용기를, 또한 그 차이를 구별하는 지혜"를 가져야 한다. 그러기 위해선 내게 없는 것보다 내게 있는 것으로 시선을 옮기는 것도 필요하다. 오늘 내가 해낸 것들, 오늘 나에게 저절로 주어진 것들, 오늘 기적처럼 나에게 왔던 도움들을 떠올리는 것이다. 그러면 내 안에 감사가 들어찰 것이다. 하지만 오늘 내가 해내지 못한 것들, 내게 주어지지 않왔던 것들, 오늘 내가 받지 못한 것들에 대해서만 생각하다 보면 남에 대한 원망, 상황에 대한 탓, 그리고 그 모든 걸 해내지 못한 나 자신에 대한 자학만 늘어나게 된다.

자기 자신을 사랑한다는 게 별 게 아니다. 나 자신에게 도움이 되는 쪽으로 생각하는 것이 나를 사랑하는 것이다. 여러분은 어느 쪽을 선택할 것인가? 어느 쪽으로 생각하는 편이 여러분에게 도움이 되겠는가?

Chapter

5

매 순간
사람 잡는
두려움

내 삶을 방해할 수 있는 건
미리 막아야만 해

사람은 누구나 방어적 태도를 가지고 있다. 방어는 나를 지키기 위한 수단이다. 정신 놓고 '무방비'로 있다가는 큰일을 당할 수도 있기 때문에, 나를 제대로 방어하며 지내야 한다. 그런데 우리는 무엇을 방어하는 걸까? 살면서 내가 방어해야 할 필요가 있는 것은 무엇일까?

내가 막고 싶은 것은 내 삶을 방해하는 모든 것이다. 좀 더 구체적으로 말하자면, 내가 좋아하지 않는 사람이 나를 귀찮게 하는 게 싫다. 누군가 내가 원치도 않는 물건을 주는 게 싫다. 내가 하기 싫은 일을 하라고 시키는 게 싫고, 내가 듣기 싫은 소리를 들어야 하는 것도 싫다. 내가 누군가를 위해 내 시간과 에너지를 희생하는 것도 싫고, 내 능력을 이용해서 자신의 이익을 도모하려는 사람들에게 농락당하기 싫다. 내가 먹기 싫은 걸 억지로 먹어야 하거나, 내가 가기 싫은 데 억지로 가야만 하거나, 내가 쉬고 싶을 때 쉬지 못하게 되는 모든 일이 다 싫다.

당연하다. 이걸 좋아할 사람이 누가 있겠나? 그런데 현실에선 적용되기가 거의 불가능에 가까운 일이다. 우린 다른 사람들과 함께 더불어 살아가야 하기 때문이다. 그들과 도움을 주고받고, 관계를 맺으면서 살아가야 하기 때문에 내가 원하는 대로만 살기는 불가능하다. 이 명명백백한 사실을 받아들이지 못하면 인생은 그 자체로 지옥일 뿐이다. 모든 사람은 당신을 방해하기 위해 존재하고, 그런 끝없는 스트레스 상황에서 당신이 할 수 있는 일이라곤 무기력해지거나 과잉 방어를 하는 것 중 하나다. 둘 다 엄청난 에너지가 소모된다.

과잉 방어를 하기 위해서는 제일 먼저 타인이 나에게 접근하는 것을 철저하게 사전에 차단해야 한다. 특히 내가 싫어하는 류의 사람이라면 더욱 그래야 한다. 제일 쉬운 방법이 냉랭하고 사나운 태도를 취하는 것이다. 표정은 딱딱하게 굳히고, 말을 일부러 세게 내뱉으며 아예 시선을 주지도 않고, 뭐라 말해도 들은 척도 안 하면 웬만한 사람들은 알아서 몸을 사리고 다가오지 않는다. (마치 가시를 바짝 세우고 있는 고슴도치나 으르렁거리고 있는 사자 같은 느낌이랄까?) 또 나를 자기들 뜻대로 함부로 이용하지 못하게 하려면, 내가 그들을 도와줄 의도가 전혀 없을 뿐만 아니라 나한테 잘못 들이댔다가는 크게 망신을 당할 수도 있다는 사실을 계속 인지시켜야 한다. 아니면 아예 반대로 나에겐 그들을 도와줄 만한 능력이 전혀 없는 것처럼 바보 코스프레를 하든가. 그것도 아니면 늘 바쁜 것처럼 보여서 아예 접근할 틈을 주지 않는 것도 방법이다.

　한마디로 과잉 방어는 어떻게 해야 사람들이 나를 재수 없게 여겨서, 혹은 나를 가치 없게 여겨서 나에게 접근하지 못하게 할 수 있을지를 연구하는 것이다. 그래서 과잉 방어란 어찌 보면 자기 혐오의 기술이면서, 동시에 타인을 모두 방해자로 취급해버리는 타인 혐오이기도 하다. 하지만 더욱 안타까운 것은 과잉 방어에 성공한다고 해서 우리가 행복해질 수 있는 게 아니라는 사실이다. 과잉 방어의 결과로 얻게 되는 것은 철저한 고립과 고독이어서 아무도 나를 원치 않고, 아무도 나에게 다가오지 않으며, 아무도 나를 필요로 하지 않는다는 사실만이 남을 뿐이다. 당신이 원하는 게 정말 이것인가? 그래서 그렇게 애써서 과잉 방어를 한 것인가? 성공을 해도 입이 쓴, 성공이 성공이 아닌 이상한 것이 바로 과잉 방어의 결과다.

　게다가 과잉 방어는 실제로 일어난 일에 대응하는 것이 아니라 앞으로 일어날지도 모를 만약의 경우를 대비하는 '사전 차단' 형식이어서 대부분 쓸데없는 걱정이거나 괜한 노력을 하게 되는 케이스가 많다. 그러니까 과잉 방어의 토대가 되는 것은 바로 '과도한 걱정과 두려움'이며, 쉬운 말로는 '지레 겁먹기'라고 한다.

　결혼을 앞두고 있는 L은 먼저 결혼한 주변의 친구들로부터 시어머니와의 관계는 초장부터 확실하게 해놔야 한다는 이야기를 수없이 들었다. 그러지 않으면 시어머니가 사사건건 간섭하고 집에 예고도 없이 쳐들어올 것이기 때문에 미리 확실하게 선을 그어

놔야 한다고 말이다. 친구들로부터 시어머니와의 사이에서 있을 수 있는 온갖 안 좋은 일에 대해 다 들어버린 L은 그만 시어머니에 대한 공포가 생겨버리고 말았다. 그래서 남자 친구가 자기 엄마한테 인사를 드리러 가자는 말만 하면 이상할 정도로 예민하게 굴었다. 아직 미래의 시어머니가 어떤 분인지도 모르고, L에게 직접적으로 어떤 말이나 액션을 취한 것이 아님에도 불구하고, 시어머니 소리만 나오면 날을 곤두세웠다. L은 시어머니의 속내나 의도가 무엇일지 머리가 터지도록 고민했고, 시어머니에게 쉽게 보이지 않기 위해 시어머니가 말하는 것은 뭐든 간에 다 거절하고 싫어했다. 이게 바로 과잉 방어다.

그렇다면 사람들은 왜 이런 과잉 방어가 자신에게 필요하다고 생각하는 것일까? 그것은 타인과의 관계에서 적절한 심리적 경계를 지키는 방법을 모르고 있기 때문이다. 우리 모두는 개별적인 존재들이기 때문에 육체적으로나 심리적으로 타인과의 적당한 거리가 필요하다. 거리나 지하철에서 충분한 공간이 있는 경우, 우리는 대부분 뜨문뜨문 적당히 떨어져 서 있다. 개인의 프라이버시를 지킬 수 있는 공간을 알아서 자동적으로 확보하는 것이다. 출퇴근 시간이나 특별한 행사 때문에 많은 사람이 몰릴 경우, 낯선 타인들과 앞뒤로 껴서 몸을 부대끼며 서 있는 것이 얼마나 불편한 일인지 다들 잘 알 것이다.

이러한 거리는 심리적으로도 마찬가지다. 누군가와 너무 가까워지면 왠지 숨 막히는 기분이 들고, 또 너무 멀어지면 외롭고 쓸

쓸한 마음이 든다. 하지만 스스로 타인과의 적절한 심리적 거리를 유지하는 방법을 모르는 사람들은 항상 남들로부터 거침없는 침범을 허락하고 만다. 보여주기 싫은 부분까지 들키고, 하기 싫은데도 억지로 해야 하는 상황에 자주 몰리다 보면 자연히 아예 못 들어오게 해야겠다는 생각을 하게 된다. 결국 과잉 방어란, 자기 자신을 지키는 방법을 잘 모르기 때문에 오버하게 되는 것이다. 그래서 잘못된 방법으로 자신을 보호하려 드는 것이다.

여행을 갈 때 생길 수 있는 모든 일에 대비하기 위해, 혹시 필요할지도 모를 것들을 가방 속에 전부 챙겨 넣다가는 짐이 너무 커져버려서 자유롭게 여행을 다닐 수 없게 된다. 실제 여행을 가 보면 혹시나 해서 챙겨간 짐들은 꺼내보지도 못하고 도로 가져오기 일쑤다. 그 무거운 짐들은 나의 두려움을 안정시키기 위해 치른 일종의 대가인 셈이다. 무겁긴 하지만 그래도 덜 불안하니까.

인간관계도 마찬가지다. 원치 않는 관계가 되는 것이 두려워서, 그런 관계를 만들지 않기 위해서 미리 너무 많은 생각들을 하다 보면 정작 제대로 된 관계를 누릴 수 없게 된다. 막상 그 사람을 대면해보면 걱정했던 그런 일들이 전혀 생기지 않을 수 있는데도 말이다. 두려움과 걱정은 사람의 눈을 가린다. 있는 그대로의 상대방을 보지 못하게 하고, 자신의 두려움 속에서 남을 왜곡되게 만든다. 어떤 종류의 두려움이든 간에 두려움은 과잉을 낳고, 과잉은 에너지 손실을 동반한다.

최고의 핑계,
재능 타령

앤절라 더크워스Angela Duckworth의 《그릿GRIT》이라는 책을 보면 '우리는 왜 재능에 현혹되는가?'라는 소제목의 글이 있다. 우리는 '재능'이라는 말을 정말 좋아하는 것 같다. 그 단어를 듣기만 해도 가슴이 뛰고 짜릿해진다. 재능을 신성시하는 경향이 있는 것 같다. 즉, 재능이란 하늘로부터 받은 선물 혹은 축복, 절대 노력한다고 해서 가질 수 없는 선천적인 것, 그것이 있느냐 없느냐에 따라 탁월함을 나타낼 수 있는 절대적인 것, 모든 걸 가능하게 하는 신비한 힘, 이런 식으로 생각한다.

이런 사람들의 생각을 더 확고하게 만들어주는 자극제가 바로 〈영재발굴단〉 같은 프로그램에 나오는 아이들의 모습이다. 고작 여섯 살인데도 불구하고 음악을 듣기만 하면 뭐든 바이올린으로 연주할 수 있다거나, 열 살도 채 안 되었는데 엄청난 집중력으로 혀를 내두를 만한 그림을 척척 그려내는 것을 보면서 '저런 게 재능이지!'라고 생각하게 된다. 그러면서 재능의 유무를 너무나도 절대적인 것으로 생각하는 치명적인 오류를 범한다. '재능이 없는 사람은 아무리 노력해도 재능이 있는 사람을 절대 이길 수 없다'는 마음을 갖게 되는 것이다. 그러면 자연스럽게 '시작부터 이렇게 큰 차이가 나는데 굳이 노력하는 수고를 할 필요가 있을까' 하는 태도가 생긴다. 그들 덕에 나는 노력하지 않아도 되는 면죄부를 획득하게 된다.

　그런데 사람들이 모르는 게 있다. 우리 모두에게는 잠재력이라는 게 있다. 한 사람도 빼놓지 않고 모두에게 다 있다. 다만 한자어 그대로 잠길 잠潛, 있을 재在, 능력이 있기는 있는데 잠겨 있다는 뜻이다. 잠겨 있던 재주와 능력이 위로 드러나거나 밖으로 나타나 보이기 시작하게 된 것이 그 사람의 재능이다. 그래서 포인트는 재능이 있느냐 없느냐가 아니라 내 잠재력을 실현시킬 수 있느냐 없느냐의 문제다.

　《그릿》에서 앤절라 더크워스도 말한다. 재능은 그저 잠재력에 불과할 뿐, 노력하지 않으면 발휘될 수 없는 것이라고 말이다. 음악에 대한 천부적인 잠재력을 갖고 태어난 누군가가 이집트의 미이라처럼 가만히 누워만 있는 모습을 상상해보라. 과연 그래도 그의 잠재력이 발휘될 수 있을 것 같은가? 우리는 올림픽 경기에서 탁월한 성과를 내는 운동선수, 혹은 콘서트에서 빼어난 실력을 보여주는 가수나 연주자를 보면서 그들의 완성된 현재의 모습을 근거로 "저 사람은 천부적인 재능이 있으니까 저렇게 완벽하게 해낼 수 있는 거야!"라고 생각해버린다. 하지만 그들이 그 완성도에 이르기 위해 얼마나 오랜 시간 동안 꾸준히 연습해왔는지는 잘 생각하지 않는다.

물론 재능이 있으면 확실히 기술을 다듬는 시간이 좀 더 빨라지는 유익이 있을 수도 있겠다. 하지만 그래도 변하지 않는 건 꾸준히 연습하고 노력해야 한다는 점이다. 재능에 노력이 더해져야만 기술이 되고, 기술에 다시 노력이 더해져야만 성취와 결실로 이어질 수 있다. 사실 우리도 다 알고 있다. 재능 그 자체보다 노력이 훨씬 더 중요하다는 것을. 하지만 마음 깊은 곳에서는 그래도 타고난 재능은 이길 수 없다고 믿고 싶어 한다. 왜냐하면 노력하는 건 힘들기 때문이다. 노력은 꾸준히 오랜 시간을 해야 하는 건데, 좀처럼 시작할 엄두조차 나지 않는다. 그럴 때 누가 "솔직히 재능이 없으면 따라잡기 힘들어."라고 말해주면 너무 반갑다. 그것이 내가 지금 노력하지 않는 것에 대한 근사한 변명, 핑곗거리가 될 수 있기 때문이다. 그러면서 나에게도 남들처럼 반짝거리는 재능이 있었더라면 성공할 수 있을 거라고 말한다. 그럼 나도 당연히 노력했을 거라면서. 정말 그럴까? 아니다. 다시 한번 말하지만 우리 모두에겐 다 나름의 재능이 있다. 다만 노력하지 않기 때문에 재능이 잠겨 있는 것이다.

그렇다면 나한테 어떤 잠재력이 있는지 어떻게 알 수 있을까? 재능과 마찬가지로 남들과 다른 차별화되는 지점을 찾아야 하는 건 맞다. 그런데 그 차별화되는 기준을 처음부터 남들보다 얼마나 잘하냐, 얼마나 더 탁월하냐에 두면 곤란하다. 능력이 있더라도 잠재되어 있는 상태에서는 그렇게 도드라지지 않기 때문이다. 그래서 처음엔 나의 어떤 면이 남들과 다르게 '자연스러운가'를 보아야 한다.

자연스럽다는 것은 저절로 된다는 뜻이고, 달리 표현하면 노력하지 않아도 쉽게 된다는 뜻이다. 예를 들어, 어떤 사람은 참을성이 남다를 수 있다. 어릴 적부터 웬만한 건 다 견뎌내는 사람 말이다. 애들이 주사 바늘을 보고 무섭다고 난리를 치고, 군대 가서 훈련을 받으면서 죽겠다고 난리를 칠 때도 묵묵히 견디고 또 견딜 수 있는 사람이라면, 그는 참을성에 있어서 잠재된 능력을 가졌다고 봐야 한다. 그깟 '참을성' 따위가 무슨 재능이냐고 반박하는 사람이 있을 수도 있겠다. 하지만 참을성은 모든 것을 가능하게 해주는 어마어마한 능력이다. 제아무리 반짝거리는 재능을 타고난 사람도 참을성을 가지고 꾸준히 노력하지 않으면 그 빛이 금방 꺼져버리지만, 참을성을 타고난 사람은 그 어떤 재능이라도 끝내 꽃을 피우게 할 수 있다. 이래도 참을성이 하찮은 재능으로 보이는가?

또 다른 예를 들어보자. 〈영재발굴단〉에 나오는 아이처럼 일곱 살 때부터 천재적인 그림을 그려낸 것은 아니지만, 자기가 생각하고 있는 것을 그림으로 표현할 수 있는 사람이 있다고 치자. 지도를 굉장히 잘 그리고, 수업 시간에 선생님이 했던 농담을 만

화처럼 그려낼 수 있고, 말로 설명하는 것보다 그림으로 설명하는 것이 더 편하고, 그림 보는 걸 유독 즐거워하는 사람. 사소한 낙서를 했는데도 친구들이 "와!" 하고 신기해하며 자기도 하나 그려달라는 요청을 받는 사람. 그림 그리는 게 제일 쉽고, 편하고, 자연스러운 사람. 이런 사람도 그림에 잠재력이 있는 사람이다.

그런데 이 사람은 왜 〈영재발굴단〉의 그 아이들처럼 되지 못하는 걸까? 그런 아이의 부모들은 그 아이가 잘하는 무언가에 일찍부터 관심을 두고, 그것을 계속 잘할 수 있도록 물심양면으로 독려했다. 자꾸 하다 보니 더 잘하게 되고, 옆에서 잘한다 잘한다 해주니 아이 스스로도 잘할 수 있다고 생각하게 되고, 그러다 보니 더 잘하게 되고…. 이런 선순환이 이루어진 것이다.

그러나 그것이 재능으로까지 연결이 안 되는 사람들은 대부분 자신이 자연스럽게 할 수 있는 무언가를 귀하게 여기지 않는다. 내가 쉽게 할 수 있기 때문에, 남들도 당연히 그럴 수 있을 거라고 생각한다. 막말로 남들이 하는 건 모두 대단한 것이자 특별한 것이고, 내가 하는 건 개나 소나 다 할 수 있는 대수롭지 않은 일로 치부해버린다. (어쩌면 자존감의 문제일 수도 있겠다.) 게다가 어쩌면 이런 사람들의 부모는 자식이 그림을 잘 그리는지 아닌지도 몰랐을 것이고, 설령 보았다 할지라도 쓸데없는 짓 하지 말고 그 시간에 공부나 한 자 더 하라고 말했을 수도 있다. 나의 잠재력을 재능으로 만들기 위해서는 반드시 그것이 소중한 능력이라는 것부터 깨달아야 한다.

노래를 잘하거나, 춤을 잘 추거나, 그림을 잘 그리거나, 악기 연주를 잘하고, 수학 문제를 잘 푸는 것만이 재능이 아니다. 누군가의 이야기를 귀담아들어주고 잘 반응해주는 능력, 힘든 일이 있을 때 제일 먼저 나서서 솔선수범하는 능력, 아무리 정신없는 상황에서도 냉정함을 유지할 수 있는 능력, 한번 일을 시작하면 반드시 끝을 보는 능력, 뭐든 쉽게 이해하고 재미있게 설명할 수 있는 능력, 아름다운 것을 발견하는 능력, 뭔가를 보면 금방 구조를 파악하는 능력, 여러 가지 좋은 생각들을 하나로 조합해내는 능력, 지치지 않고 오래 걸어다닐 수 있는 능력, 맛있는 걸 먹으면 거기에 들어간 재료들을 파악해낼 수 있는 능력, 냄새를 기가 막히게 구별해내는 개코 같은 능력, 들은 걸 깔끔하게 정리해내는 능력, 서로 어울리는 색깔들을 조합하는 능력, 수많은 옷들 중에서 가장 싸면서도 질 좋은 옷을 골라내는 능력, 어떤 것을 봐도 미세한 흠을 잡아낼 수 있는 능력 등등…. 이런 것들이 모두 재능이 될 수 있다.

아무리 좋은 잠재력을 가지고 있어도 별것 아니라고 치부해버리면 그 능력은 발현될 수 있는 기회를 영영 잃게 된다. 반면에 실제로 별것 아닌 것처럼 보였던 어떤 능력은 내가 그것의 가치를 알아보는 순간 반짝반짝 빛이 날 수도 있다. 어떤 사람은 자기를 너무도 사랑하지 못해서 자기 안에 그런 좋은 것이 있을 리 없다고 믿는다. 그러나 그런 믿음은 사실이 아니다. 누구나 자기 안에 좋은 것들이 가득 들어 있다. 그것들은 우리가 자기를 발견해주기만을 기다리고 있다. 계속 여러 가지 힌트를 보내면서 말이다. 우리는 그것을 발견하고 일깨울 의무가 있다. 그리고 세상 속에서 그 능력을 남들과 나눠야 할 책무가 있다. 그게 바로 내가 다른 사람이 아닌, 나인 이유다.

내가 먼저 회피하는
모든 것들

    SNS를 시작한 지 이제 겨우 1년이 조금 지났다. 남들은 이미 한참 하다가 싫증 나서 떠난다고 하는 시기에 뒤늦게 입문한 것이다. 사실 그마저도 자의로 한 것이 아니라 필요에 의해 강제적으로 시작했다고 보는 게 맞다. 작년에 '출판을 위한 작가 수업'을 수강하는 과정에서 앞으로 책을 낼 생각이 있다면 SNS는 선택이 아니라 필수라는 이야기를 들었다. 독자들과 소통을 하기 위해서, 또 책의 판매율을 높이기 위해서라도 꼭 필요하다는 말에 솔직히 마음이 약해졌다.

    하지만 나는 SNS에 대한 두려움이 많았다. 이상한 사람이 말을 걸거나 귀찮게 하는 것이 가장 걱정됐다. 내가 좋다며 지나치게 다가와도 무서울 것 같고, 괜히 내 생각에 시비를 걸거나 댓글로 싸움을 걸어오는 것도 무서울 것 같았다. 내 일거수일투족이다 노출돼서 나의 사생활이 침해를 받으면 어떡하지, 내가 올린 고유한 콘텐츠들을 함부로 퍼 가서 자기 것이라고 무단 도용해버리면 어떡하지, 내 사진이 아무 데나 돌아다니면서 합성되면 어떡하지, 의도치 않게 부적절한 말을 했다가 몰매를 맞으면 어떡하지, 자랑질 한다고 사람들이 더 싫어하면 어떡하지, 별것 아닌 지식이 들통나면 어떡하지…. 두려움의 리스트는 끝도 없이 이어졌다.

물론 그런 일이 정말로 생길지, 안 생길지는 해보기 전에는 모를 일이다. 하지만 일단 그런 일이 일어날 가능성은 분명히 있는 거니까 그럴 바엔 아예 시작도 안 하는 편이 이득이라고 생각했다. SNS를 아예 안 해버리면 그런 일이 생길 가능성조차 완전히 차단시켜버릴 수 있으니까. 하지만 그 선택으로 인해 SNS를 통해 누릴 수 있는 좋은 점 또한 완전히 차단되어버린다는 걸 몰랐다. 그때의 나는 어떻게든 무섭고 싫은 일을 피하는 데에만 초점이 맞춰져 있었다. 영화 〈댄싱 히어로〉에 나오는 유명한 대사처럼 "두려움 속에 사는 인생은 절반만 산 인생이다."라는 말 그대로였다. 두려움 때문에 인생의 좋은 절반은 아예 포기해버리고 살기로 결심한 것이다.

뒤늦게 SNS를 해보니 그야말로 신세계였다. 정말로 세상은 넓고 사람은 많았다. 이 지구상에 사람들이 얼마나 많은지는 당연히 알고 있었지만, 실제로 수많은 사람들이 자신의 일상을 소중히 여기며 열심히 살아나가고 있는 모습을 보게 되는 건 느낌이 전혀 달랐다.

　누군가는 섬으로 알바를 하러 가서 하루 종일 설거지를 하고 청소를 하고, 그러다 짬이 나면 섬 풍경들을 사진으로 찍어서 남기며 하루를 보냈다. 또 다른 누군가는 매일매일 전국의 작은 도서관들을 순회하면서 그림책을 읽어주고, 돌아오는 길에는 꼭 휴게소에 들러서 떡볶이를 먹었다. 그리고 또 어떤 이는 돌을 모아서 3년째 돌담을 짓고 있기도 하고, 매일 그림 한 장씩 그리기 프로젝트를 하기도 하고, 하루가 다르게 커가는 아이들의 성장 일지를 쓰기도 했다.

　나만 아는 좁은 세상에 살고 있을 때는 내가 하는 말과 행동 하나하나가 엄청나게 큰 의미를 갖는 것 같고, 세상 사람들이 다 나만 주시하고 있는 것 같고, 이 일을 하는 사람은 나밖에 없는 것 같아서 그만큼 나의 실수도 크게 느껴졌다. 하지만 SNS 세상에 들어와서 그동안 존재하는지조차 몰랐던 수천 명의 사람들과 연결이 되고 보니, 나뿐만 아니라 모두가 각자의 삶을 열심히 살고 있다는 걸 알게 되었다.

　그들은 다 자기 코가 석자여서 생각보다 나에게 별로 관심이 많지 않았다. 비로소 나는 그야말로 모래알 중 하나라는 게 실감이 되기 시작했다. 처음엔 그 사실이 '아, 나는 정말 별것 아닌 존재였구나' 하는 쪽으로 받아들여졌는데, 시간이 지날수록 스스로 갖고 있었던 과도한 부담감에서 조금씩 벗어나는 쪽으로 변하기 시작했다.

　　세상에는 정말 다양한 사람들이 있고, 그들은 다 자기 나름의 방식으로 훌륭한 사람들이었다. 내가 일하고 있는 치유 분야만 하더라도 이 세상 곳곳에서 자기만의 방식으로 교육과 치유를 하는 사람들이 정말 많았다. 누가 최고의 치유사인지, 누구의 방식이 제일 좋은지, 그런 건 비교할 필요조차 없었다. 다들 좋은 의도를 가지고 나름대로 열심히 노력하고 있는 모습이 보기 좋았다. 나 혼자가 아니라 다 함께 이 일을 하고 있다는 게 느껴져서 일종의 연대감 같은 것을 느끼기도 했다.

　　겉보기에 잘난 사람, 못난 사람 할 것 없이 모두가 자기에게 주어진 삶을 최선을 다해 살아내고 있는 모습을 보게 된 것이 SNS를 통해 얻은 가장 큰 감동이었다. 물론 그중엔 나보다 힘든 삶을 사는 사람도 많았고, 나보다 멋진 삶을 사는 사람도 많았다. 그런데 그보다 어쨌든 모두가 각자의 방식으로 애쓰고 있다는 점이 가장 큰 위로가 되었다. 이 세상을 고군분투하며 살아내는 게 나 혼자만이 아니었던 거다.

　　사람들의 다양성을 인정하게 되면 이상하게도 스트레스 받는 일이 줄어들게 된다. SNS를 시작하기 전에 그토록 두려워했던 상황과 정말 마주치게 된 적이 있었다. 낯선 남자들이 메신저로 말을 걸어왔다. '당신은 아름다운 여자', '당신과 대화하고 싶다' 어쩌구 하면서 꼬시려고 드는데, 막상 닥치고 보니 무섭다는 생각보다는 웃기다는 생각이 먼저 들었다. 누가 봐도 알 만한 뻔한 수를 쓰는 게 안스럽기까지 했다. 게다가 SNS에는 차단 기능이 있었다.

괜히 스트레스 받지 말고 그냥 '차단' 내지는 '삭제' 버튼을 누르면 그만이었다.

물론 그렇게 해도 또 다른 사진과 다른 이름으로 말을 거는 똑같은 상황이 반복되었다. 짜증이 날 법도 한데, 나는 오히려 그들에게 감동을 받았다. 아! 이 사람도 일종의 '생활인'이구나. 이토록 열심히 속을 만한 사람들을 찾아 사기 치기 위해 노력하고 있구나! 번번이 차단당하고, 삭제당하고, 무시당하면서도 결코 포기하지 않고 계속 시도를 하는구나! 어떤 면으론 정말 대단하고 존경스럽다는 생각까지 했다. 지금은 그분들이 자주 도용해서 쓰는 사진과 접근 방식을 너무 잘 알게 돼서, 또 만나면 반갑기까지 하다. 속으로 '오늘도 수고 많으시네요' 하고 인사한 후에, 바로 차단!

생각해보면 SNS 외에도 내가 아직까지 회피하고 있는 것들이 많다. 나는 연애를 회피하고 있다. 왜? 내가 남자 보는 눈이 없기 때문에 이상한 사람을 만나게 될 봐 무섭다. 요샌 데이트 폭력이니 그런 것도 많다는데, 처음엔 잘해주던 사람이 어느 순간 돌변하게 될 봐 무섭다. 내가 모르는 미지의 대상을 만나 그 사람과 맞춰가는 과정에서 불가피하게 소진될 수밖에 없는 시간과 돈과 에너지들이 아깝고, 내 생활 방식을 그 사람을 위해 포기해야 할지도 모른다는 게 제일 무섭다.

또 나는 운전을 회피하고 있다. 왜? 나의 운전 미숙으로 누군가가 죽을까 봐 무섭기 때문이다. 방향 감각 없고, 길치에다 겁도 많아서 도로에 나갈 엄두가 나지 않는다. 게다가 대학 다닐 때 운전면허를 취득하는 과정에서 도로 연수를 하다 후진을 잘못하는 바람에 뒷차를 박았던 트라우마가 아직 남아 있어서 그런지 운전대를 못 잡는다. 그리고 대중교통을 타고 가는 동안엔 편히 쉴 수 있지만, 운전을 하게 되면 늘 내가 초긴장 상태로 '자동차' 님을 모시고 다니며 어딘가에 안전하게 '주차'까지 시켜드려야 하는데, 너무 번거로운 일이 아닐 수 없었다.

무언가를 회피하는 순간 나는 그 무언가로 인해 얻을 수 있는 모든 좋은 것들을 포기하게 된다. 모든 것에는 순기능과 역기능이 동시에 존재한다. 어디서 무슨 일을 하든 좋은 일과 나쁜 일은 동시에 일어나기 마련이다. 좋은 일만 취할 수 있는 방법 같은 건 절대 없다. 나쁜 일을 피하려면 좋은 일도 생기지 않게 되어 있고, 좋은 일을 만나려면 나쁜 일도 감수해야 한다. 무엇이든 자신이 선택해야 한다.

세상을 충만하게 누리지 못하고, 두려움 때문에 그 절반만 누리며 사는 것은 생각보다 에너지 소모가 심하다. 왜? 자기가 잃은 것을 알고 있기 때문이다. 내가 두려움 때문에 누리지 않기로 선택한 것들에 대한 욕망이 여전히 남아 있기 때문이다. 나도 사랑하고 사랑받는 그런 연애를 하고 싶다. 세상에서 제일 좋은 게 사랑이라는데, 그걸 한번 느껴보고 싶다. 누군가의 품에 꼭 안겨서 내가 충만해지는 경험을 해보고 싶다. 나도 자동차를 타고 창문을 열고 드라이브를 하면서, 음악을 크게 틀어놓고 큰 소리로 노래 부르며 달리고 싶다. 비 오는 날 차 안에서 라디오를 틀어놓고 조

용히 음악을 들으며 그 분위기에 빠져보고 싶다. 그런데 행여 나
쁜 일이 생길까 봐 무서워서 못 하겠다. 해보고 싶은 생각이 아예
없으면 모를까, 해보고 싶은데도 두려움 때문에 포기한 게 있다면
그것 자체가 스트레스다. 후회와 아쉬움과 부러움이라는 이름으
로 내 에너지는 이미 계속해서 소진되고 있는 것이다.

모두에게 상처가 되는
'척하는' 습관

   사람들은 하루에도 몇 번씩 '~척'을 하고 산다. 누군가를 속이기 위해서라기보다는 순간적으로 불편한 상황을 모면하기 위해 혹은 내 마음을 숨겨서 나를 보호하기 위해서 '척'한다.

   만원 버스 안에서 누군가가 내 발을 밟았을 때 아프고 화는 나지만, 상대가 미안하다고 말하면 그냥 '대수롭지 않은 척'을 한다. 후배가 실수를 했을 때 짜증은 나지만, "그럴 수도 있지." 하면서 '괜찮은 척'을 한다. 친구들이 다 드라마 이야기를 할 때 안 봐서 무슨 얘긴지는 잘 몰라도 소외되기 싫어서 기사에서 본 걸 바탕으로 대충 '아는 척'을 한다. 친구들이 공포 체험을 하자며 폐가에 가자고 할 때 무서워서 죽을 것 같지만, 못나게 보이긴 싫으니 일단 재밌겠다고 하며 '센 척'을 한다. 부모님이 내가 취업을 못 한 것 때문에 속상해하시는 게 느껴지면, 조용히 이어폰을 꽂으면서 '못 들은

척'을 한다. 모든 '~척'의 공통점은 무언가 피하고 싶은 게 있다는
것이다.

만원 버스 안에서 누군가가 내 발을 밟았을 때, 아프고 화가
나서 그 감정을 그대로 발산했다가는 상대가 어떤 사람이냐에 따
라 버스에서 큰 싸움이 날 수도 있다. 고성이 오갈 수도 있고, 괜
히 건드렸다 싶을 만큼 후회가 될지도 모른다. 아니면 어쩌다 그
깟 발 좀 밟았기로서니 그 난리를 치는 것에 대해 사람들이 오히
려 별나다고 생각할까 봐 신경 쓰일 수도 있고, 아예 남들에게 구
경거리가 될지도 모르는 상황 자체가 싫을 수도 있다. 그 모든 뒷
감당이 두렵기 때문에 일단 '대수롭지 않은 척'을 하는 것이다. 내
가 그 순간의 아픔과 분노를 잠깐만 참고 없는 척을 하면 그 모든
일이 생기지 않게 만들 수 있기 때문이다.

후배가 뭔가 실수를 했을 때 짜증나는 대로 다다다다 잔소리
를 해버리면 후배가 분명히 기분이 상할 것이고, 그럼 앞으로 불
편한 관계가 될 테니 그게 싫은 거다. 혹은 후배들 사이에서 유난
스러운 선배로 인식되는 것도 싫고, 뒤에서 자기들끼리 내 흉을
볼까 봐 무섭기도 한 까닭이다. 또 아무리 잔소리를 해봤자 내 입
만 아플 뿐 후배가 변할 일도 없을 테니, 그럴 바에는 차라리 짜증
나는 마음 같은 건 잠시 없는 척하고, 이해심 많은 선배의 이미지
로 남는 게 훨씬 이득이라고 생각한다.

친구들이 다 드라마 이야기를 할 때 나는 안 봐서 무슨 내용
인지도 모르지만, 그래도 기사에서 슬쩍 본 풍월로 한마디씩 '아

는 척'하며 거든다. 대화에서 소외되기 싫은 까닭도 있지만, 결국
엔 "혼자 바쁜 척은," 하는 식의 비아냥을 듣고 싶지 않은 까닭도
있다. TV 드라마를 못 보는 게 꼭 내가 잘나거나 바빠서 그런 것이
아님에도 불구하고, 자신들과 같지 않으면 걸핏하면 편을 가르려
고 하는 친구들의 이상한 심리가 너무나 피곤하기 때문이다. 그러
니 다 똑같은 것처럼 대충 맞추면 속 편한 임시방편이 된다.

친구들이 폐가에 가자고 하면, 나는 그런 데 가는 게 무서워서
죽기보다 싫지만 차마 말하지 못하고, "좋아! 재밌겠네!" 하고 센
척을 한다. 특히 남자들의 경우 무섭다고 말하면 사내자식이 그게
뭐가 무섭냐고 하면서 놀림이 시작되기 때문이다. 가뜩이나 남자
답지 않은 예민함이나 섬세함 등으로 '뭔가 이상한 놈'이라는 말
이 돌고 있는 마당이라면 자신의 실체를 드러냈다가는 까딱하면
왕따로 전락할 수도 있다. 그래서 폐가에 가서 기절하는 한이 있
더라도 일단은 '센 척'을 해야 한다. 혹시라도 일이 꼬여서 못 가게
되기만을 간절히 바라면서 말이다.

부모님이 내가 취업을 못 한 것 때문에 속상해하신다면? 물론
그 마음은 알지만, 뾰족한 수도 없는 상태에서 "얼마나 걱정이 되
시겠냐, 조금만 더 기다려 달라, 믿어 달라."는 말을 하는 것도 무책
임한 것 같고, 사실 더 속상하고 위로받고 싶은 건 내 쪽인데 서운
하기도 하다. 이럴 땐 그냥 모르는 척 무시가 상책이다. 이 불편한
마음을 느끼기 싫은 것이다. 난 들었지만 아무것도 듣지 못했다.
봤지만 아무것도 보지 못했다. 아무 일도 일어나지 않았다. 그냥

난 음악을 들을 뿐, 그럼 지금 당장은 편안할 거다.

지금 내가 말한 다섯 사람의 경우는 당장 눈앞에 벌어진 불편한 상황을 모두 피한 것이다. 하지만 이들은 지금 정말로 편안한가? 사실은 그렇지 않은데 그런 척하는 것은 에너지 소모가 엄청나게 크다. 순간의 상황은 모면했을지 모르지만, 지금 당장의 내 감정과 기분을 억압했기 때문에 속으로는 불만이 더 쌓여간다. 타인에 대한 분노, 즉 날 몰라주는 친구들과 부모님에 대한 분노가 말없이 잠재의식 속에 쌓여간다.

게다가 '~척'도 일종의 거짓말이어서, 나중에 그에 대한 대가를 반드시 치러야 한다. 나중에라도 솔직한 자기 마음을 털어놓고 싶을 때, "사실 나 그 드라마 안 봤어."라든가 "사실은 나 거기 가기 싫어."라는 얘길 하게 되면 그땐 정말로 이상한 애, 거짓말쟁이로 낙인이 찍히는 것이다. 변명을 해봤자 이해해줄 사람은 드물다. 오히려 "그러면 진작 말을 했어야지, 그럼 미리 예약 안 했잖아! 너 땜에 수수료 물게 생겼잖아!", "뭐야, 그럼 여태까지 날 속인 거야?", "넌 내가 그 정도도 이해 못 해주는 사람이라고 생각했던 거야?" 등등의 비난을 받기 십상이다. 당신은 그저 그 순간에 문제를 일으키고 싶지 않았을 뿐이고 그저 좋게 지나가고 싶었을 뿐인데도 불구하고 결국엔 솔직하지 못한 사람, 신뢰할 수 없는 사람, 이상한 사람으로 평가될 것이다. 매 순간 솔직하지 못하고 일단 회피부터 한 대가는 이토록 크다.

내가 서른세 살 되던 해에 내 생애 최고의 생일 파티를 한 적이 있었다. 내가 좋아하는 친구들을 열 명 정도 불러 모아 케이크 대신 스테이크에 불을 붙여서 생일 축하 노래를 부르고, 멋진 배경에서 재미난 설정 사진도 많이 찍으며 놀았다. 그야말로 흥겨움의 절정이었다. 그날의 주인공은 나였고, 이보다 더 즐거울 순 없는 그런 날이었다. 그런데 그날 저녁 집에 돌아온 나는 이상하리만큼 극도의 피로감에 시달렸다. 정말이지 당장이라도 쓰러져서 죽을 것처럼 피곤했다. 그런 내 상태가 전혀 이해가 되지 않았다. 오죽하면 엄마는 내 얼굴을 보자마자 "밖에서 무슨 일 있었어?"라고 묻기까지 했다. 내 생애 최고의 순간을 보내고 왔는데, 나는 왜 이렇게 힘이 드는 거지? 너무 당황스러웠다. 급기야 방에 들어와서 옷을 갈아입는데 눈물이 나기 시작했다. 방바닥에 엎드려서 소리 내어 꺽꺽 울면서도 도대체 내가 왜 이러는지 알 수가 없었다.

그 당시엔 그렇게 이유도 모른 채 울고 지나갔다. 오랜 세월이 흐른 후 그때 생일 파티를 함께 했던 대부분의 친구들과 절교를 하고, 번아웃으로 고생을 하게 되면서 비로소 그 이유를 알게 되었다. 그때의 나는 그 친구들에게 전혀 솔직하지 않았었다. 그들에게 '베스트 프렌드' 소리가 듣고 싶어서, 그들에게 가장 유쾌하고 좋은 사람으로 남고 싶어서, 괜찮지 않았던 수많은 일에 괜찮다고 말했다.

내 사정 따위는 일순위로 포기해버리고 언제나 그들의 최선이 무엇일지 고민하면서, 모든 것을 그들에게 맞춰주려고 했다. 그들의 취향, 그들의 만족을 위해 나를 철저하게 희생했던 것이다. 기분이 별로 좋지 않아도 좋은 척, 몸이 피곤해도 안 피곤한 척, 전혀 괜찮지 않아도 괜찮은 척하며, 겉으로 보기에만 즐겁고 신나게 지내는 동안, 나는 점점 더 감당할 수 없을 정도로 힘들어졌던 것이다.

　몇몇 친구가 그렇게까지 애쓸 필요 없다고, 지금 나의 행동은 과하다며 옆에서 진심으로 충고를 해줬을 때조차 나는 "아니, 정말 괜찮아, 난 아무렇지도 않다."고 말했었다. 왜냐하면 그땐 정말 내가 그런 줄 알았기 때문에. 나는 그 정도로 나 자신에 대해 잘 모르고 있었다. 그토록 애쓰고 노력했지만 애초에 친구들을 솔직하게 대하지 않았고, 더 나아가 나 자신에게 솔직하지 못했기 때문에 그 친구들을 거의 다 잃고 말았다.

　'~척'한 결과가 결국 이런 것임을 알았으면 좋겠다. 그러면 당장의 불편함을 회피하기 위해 습관적으로 '~척'하려는 순간에 잠시 갈등하게 될 것이다. 용기를 내고 싶은 마음이 조금은 더 들지도 모르겠다. 당신이 '~척'하는 또 다른 이유는 상대방에 대한 신뢰가 없기 때문이다. 내가 솔직하게 말해도 이 사람들이 나를 받아주고 이해해줄 거라는 믿음이 없기 때문이다. 그래서 당신이 뒤늦게 솔직한 이야기를 하면 상대방이 상처를 입는 것이다. 처음부터 자신을 믿어주지 않았다는 걸 알게 되기 때문에. 어쩌면 그렇기 때문에 '~척'은 쌍방에 피차 안타까운 결과를 초래하는 것일지도 모르겠다. '~척'의 결과는 나에게든, 상대방에게든, 오직 상처뿐이다.

두려움으로 인한
부작용들

두려움이 생기면 사람이 이상해진다. 두려움은 검은 구름 같아서 삽시간에 태양을 가리고 세상을 어두컴컴하게 만들어 이성을 마비시키고 시야를 흐릿하게 만든다. 잘 보이던 앞이 보이지 않으면 덜컥 겁이 나고 마음이 급해지며, 주변의 모든 것이 무섭게 느껴지기 시작하고, 나도 모르게 최악의 사태를 떠올리게 된다. 그래서 평소 같으면 하지 않았을 이상한 행동으로 이어지기도 한다. 한 방울의 두려움이라도 마음에 톡 하고 떨어지면, 그것이 어느새 마음을 잠식해버린다. 이것이 바로 두려움의 해악이다. 두려움으로 인해 사람이 얼마나 평소와 달라지는지 나의 예를 들어서 설명해보겠다.

그날은 독서 치유 교수님에게 가서 내가 하고 있는 그림책 집단 상담 수업에 대한 슈퍼비전을 받는 날이었다. (슈퍼비전은 내가 수업을 제대로 잘 진행하고 있는지 전문가에게 체크를 받는 것이다.) 나는 한 회 차 수업 녹취록을 가져가서 교수님에게 보여주었다. 녹취록을 펴놓고 교수님과 함께 하나하나 짚어가다 보니 집단 상담을 진행할 땐 잘 인지하지 못했던 나의 실수들이 너무나 잘 보였다. 창피함과 민망함에 얼굴이 벌겋게 달아오르기 시작했고, 급기야 정말 가슴 아픈 소리를 듣게 되었다.

집단원들 사이에서 자연스럽게 이어지던 이야기의 흐름을 끊는 사람이 바로 나라는 소리였다. 내 딴에는 도움이 되는 이야기를 한답시고 몇 마디 거들었던 것들이 결과적으로는 오히려 수업을 방해하는 요소가 되었던 것이다. 내 수업에서 제일 중요하게 여긴다고 자부했던 것이 '저절로 되어짐'이었는데, 막상 나 자신이 수업을 망치고 있다는 생각이 들자 큰 충격을 받게 되었다.

슈퍼비전을 마치고 나와서 지하철역으로 걸어가는 동안 두려움이 몰려오기 시작했다. '이미 망쳐버린 수업들을 어떻게 하지? 수강생들이 내 이야기만 하는 나를 어떻게 생각했을까? 속으로 한심하게 생각하진 않았을까? 내가 과연 이런 일을 할 자격이 있을까? 준비가 덜 됐는데 너무 성급하게 시작해버린 건 아닐까? 지금이라도 그만해야 하는 건 아닐까?' 다 망쳐버린 것 같고, 갑자기 모든 게 너무 어렵게 느껴지고, 나 자신에 대한 믿음도 순식간에 사라졌다. 그러더니 나는 이상한 행동을 하기 시작했다.

원래는 그길로 집에 가서 저녁을 먹으면 되는 거였는데, 갑자기 집에 가기가 싫어졌다. 그래서 평소엔 비싸서 잘 가지도 않던 파스타 집에 가서 혼자 비싼 파스타 한 그릇을 다 먹어치웠다. 그래도 여전히 배가 고파서, 곧바로 다른 식당에 들어가서 피자와 콜라 세트를 또 시켜먹었다. 저녁을 무려 두 번이나 먹은 것이다. 그러곤 서점에 들어갔다. 평소엔 마일리지를 모으느라 주로 온라인 서점에서 책을 사곤 하는데, 그날은 오프라인 서점에 들어가서 손에 잡히는 대로 서가에서 책을 꺼내기 시작했다.

팔이 너무 묵직해서 정신을 차려 보니 심리학 서가에서 미술 치료니, 인지 치료니, 행동 치료니 하는 무거운 책들을 여덟 권이나 꺼내들고 있었다. 그걸로도 모자라 계산대로 가는 동안 심리학 매대에서 다시 네 권의 책을 그냥 제목만 보고 집어 들었다. 거의 17만 원에 달하는 책들을 양손에 무겁게 들고 집으로 가면서, 내가 정말 평소와 다르게 이상하게 행동하는데도, 도무지 왜 이러는지 알 수 없었고, 그런 이상한 행동을 멈출 수도 없었다.

다음날 아침 정신을 차린 후에, 어제 사재기한 책들의 제목을 보면서 어렴풋이 그 원인을 짐작할 수 있었다. 특히 막판에 매대에서 제목도 보지 않고 막 집어 들었던 그 책들의 제목이 정확하게 나의 상태를 말해주고 있었다. 《자존감 수업》, 《가짜 자존감 권하는 사회》, 《내가 누군지도 모른 채 마흔이 되었다》, 《어떻게 나로 살아갈 것인가》. 그렇다. 나는 자존감에 상처를 입은 거였다. 내 경험이 부족하다는 느낌, 내 능력이 모자랄지도 모른다는 그 느낌이 거대한 허기로 변했다. 그리고 나도 모르게 그 허기를 음식으로 채우려 했고, 그 다음엔 지식으로 메우려 했던 것이다. 마치 그 책들을 사면 그걸로 나의 결핍감이 사라질 수 있는 것처럼 말이다. 그날의 나는 분명 제 정신이 아니었다.

　두려움에 초점이 맞춰지면, 그때부터 이성이 마비되면서 굉장히 이상한 생각들이 떠오르기 시작한다. 그중 하나가 할 수 있지만 하지 않기로 결심하는 것이다. M은 "남편이 저에게 원하는 것이 뭔지 너무 잘 알지만, 해주고 싶지 않아요. 일부러 안 해주고 싶어요."라고 말했다. 문제가 뭔지 모르겠다, 혹은 문제가 있는데 어떻게 풀어야 할지 모르겠다는 질문이면 함께 답이라도 찾아보겠는데, 자기가 답을 다 알면서도 안 해주고 싶다고 말하는 경우는 참 난감하다. 왜 그런 생각을 하는지 묻다 보면 바로 그 사람의 마음속에 깔려 있는 두려움을 발견하게 된다.

　M과 같은 사람들은 남편이, 아내가, 자식이, 부모가 자신에게 원하는 게 뭔지 잘 알고 있다고 했다. 하지만 그걸 들어줬다가는 계속 뭔가를 요구할까 봐 두렵기 때문에 아예 한 개도 들어주지 않는 편을 택하는 것이라고 말한다. 하나를 해주면 둘을 요구하고, 둘을 해주면 셋을 요구할까 봐 두려운 것이다. 그들은 자신이 가족 내에서, 혹은 사회적 관계 속에서 호구가 될까 봐 두려워한다. 남들이 자신을 만만하게 볼까 봐, 함부로 이용해도 된다고 생각할까 봐 두려워서 남들에게 너무나 절실한 것임을 잘 알면서도 외면하고, 누군가는 꼭 해야 하는 일임을 알면서도 못 본 척한다. 심지어는 상대방을 사랑하게 되면 자신의 정체성이나 존재감을 잃게 될까 봐 두려워서 타인의 사랑 고백을 받지 않기도 한다. 두

려움에 잠식되면 모든 것을 튕겨낸다. 그것이 아무리 나에게 좋은 것이라 해도 거기에 따를 부작용이 두려워서 거부하는 것이다.

심지어는 두려움 때문에 성공을 거부하기도 한다. 상식적으로 생각할 때 우리는 누구나 성공을 꿈꾸고 성공을 원한다. 내가 좋아하는 분야에서 내가 잘하는 일을 통해 두각을 나타내고 영향력을 펼치면서 돈까지 번다면 얼마나 좋겠는가! 그런데 두려움에 사로잡혀 있는 사람들에겐 성공의 유익이 눈에 들어오지 않는다. 그들 눈에 보이는 건 오직 성공함으로써 치러야 할 힘든 대가들이다.

W는 성공을 해서 유명해지면 원치 않는 유명세를 치러야 할 텐데, 사람들이 자신의 일거수일투족에 관심을 갖는 것이 싫고, 자신의 이야기가 남의 입에 오르내리는 것도 싫고, 길거리에 함부로 나다닐 수 없어지는 것도 싫다고 했다. (물론 이 정도의 유명세를 치르려면 엄청나게 유명해져야 하는데, 그런 건 생각도 안 하고 미리 겁부터 낸다.) 심지어 자신이 돈을 많이 벌게 되면 돈을 빌려달라고 찾아오는 사람이 생길까 봐 벌써부터 두려워하고 있다. 그래서 성공을 위한 첫 발도 내딛기 전에 성공 같은 건 아예 하지 않는 편이 좋겠다며, 성공에 대한 기대를 마음속에서 접어버린다.

이렇게 두려움에 사로잡혀 있으면 우리는 경솔한 선택을 하기 쉽다. 두려움이 많으면 일의 상황을 세세하게 살펴서 더 조심하며 행동을 취할 것 같지만 실제로는 그 반대다. 회의석상에서 '상대방이 나를 무시하면 어떡하지? 내가 별 볼 일 없다고 생각하면 어쩌지?' 하는 두려움이 올라온다고 치자. 그러면 내 능력을 입

증하기 위해 상대의 무리한 요구에 성급하게 응하게 된다. 상대방
이 말도 안 되게 시일이 촉박한 마감 기간을 내놓아도, 무조건 할
수 있다면서 일단 받아들이고 보는 것이다.

　연애를 할 때도 마찬가지로 '이 사람이 나를 떠난다고 하면 어
떡하지?' 하는 두려움이 몰려오면 갑자기 시야가 확 좁아지면서
그 사람이 부당하게 요구하는 것들까지도 다 수용하려 한다. 심한
경우 빨리 결혼해서 그 사람을 잡아두려 하고, 그 사람을 놓치면
마치 세상이 끝나버릴 것처럼 집착하게 된다. '취업이 안 되어 이
대로 영영 백수로 있게 되면 어떡하지?' 하는 두려움이 클 때도 마
찬가지다. 이런 마음이 있으면 취업 기회가 왔을 때, 그 회사가 어
떤지 묻지도 따지지도 않고 그냥 덥석 정해버리는 경우가 많다.

　그래서 무언가 성급한 결정을 내리고 싶은 마음이 들 때는 제
일 먼저 내 마음 상태부터 돌아봐야 한다. 내가 무엇 때문에 이렇
게 쫓기는 마음이 드는지, 내가 무엇을 피하고자 하는지, 내가 무
엇을 두려워하는 건지, 나의 결핍은 무엇인지부터 확인해야 한다.
그래야만 두려움을 피하기 위해 선택한 것 때문에 오랜 시간 동안
고통 받는 것을 막을 수 있다. 결국 내 인생을 잡아먹는 것은 내 능
력 부족이 아니라 나의 두려움이다.

마음 보충 수업

선택하지 않는 것도 선택이다

사는 건 매 순간 선택의 연속이다. 어쩔 수가 없다. 아주 사소한 선택부터 인생을 통째로 바꿀 수도 있는 거대한 선택까지 쉴 새 없이 몰려온다. 그런데 만약 당신이 선택하는 걸 힘들어하는 사람이라면 삶 자체가 힘들고 버겁게 느껴지는 것은 당연하다.

마음의 기준이 모호할 때

왜 선택을 하기 어려운 걸까? 그건 자기 자신이 어떤 사람인지 잘 모르기 때문이다. 선택을 할 때 도움을 주는 건 '기준'이 있느냐 없느냐다. 자기 기준이 확실하면 그 기준에 맞춰서 할 일과 안 할 일을 쉽게 구분할 수 있다. 그런데 그 기준이라는 것이 꼭 나의 가치관, 인생관, 내가 가장 중요하게 생각하는 것처럼 거창할 필요는 없다. 최소한 내가 뭘 좋아하고, 뭘 싫어하는지 정도만 알아도 된다. 좋아하는 것과 싫어하는 것, 둘 다 알지 못해도 좋다. 내가 좋아하는 게 뭔진 모르겠지만, 싫어하는 게 분명하다면 그것만으로도 충분히 선택할 수 있기 때문이다.

주변을 의식하는 마음

선택을 하기 어려운 또 다른 이유는 타인의 시선을 너무 많이 의식하기 때문이다. 내 맘 같아서는 그냥 딱 이렇게 해버리고 싶은데 '정말 이렇게 했다가 사람들이 싫어하면 어떡하지? 남들이 나 때문에 피해를 보면 어떡하지? 남들이 오해하면 어떡하지?' 같은 생각들이 꼬리를 물고 따라오면 정말 선택하기 힘들어진다. 내가 원하는 게 뭔지는 분명히 알지만 자꾸만 여러 가지 것들이 신경이 쓰여서 선택을 못 하게 된다. 타인에게 사랑받고 싶은 욕망을 끝내 무시하지 못하는 것이다.

아무것도 놓치기 싫은 마음

선택이라는 것은 그 속성상 반드시 하나만 취하고, 나머지 하나는 버려야 한다. 하거나 안 하거나, 가거나 안 가거나, 믿거나 믿지 않거나, 화를 내거나 안 내거나… 다 이런 식이다. 일을 하기로 했으면 책임을 져야 하고, 일을 안 하기로 했으면 손해를 감수해야 한다. 하지만 사람들은 책임을 지는 것도 싫어하고, 손해를 감수하는 것도 싫어한다. 그래서 이도저도 못 하고 고민만 늘어난다. 책임은 지지 않으면서 손해도 보지 않는 방법이 없을까 하고 머리를 쥐어짜는 것이다. 몸과 마음이 편하면서 동시에 내 이득도 취할 수 있는 불가능한 방법을 꿈꾸기에 선택은 점점 어려워진다. 결국 둘 다 놓치고 싶지 않은 욕심이 우리를 힘들게 한다.

선택을 회피하는 마음

선택이 어려울 때 선택하지 않는 것을 선택하는 경우도 있다. 사람들은 흔히 뭔가를 하기로 결정하는 것만 선택이라고 생각하는데, 그렇지 않다. 선택하지 않기로 하는 것도 엄청난 선택을 한 것이다. 많은 사람들이 일을 벌이기 싫어서 선택을 유보하는 경우가 많다. 지금도 힘든데 더 복잡한 일이 생길까 봐 두려워서 아무것도 하지 않는 쪽을 선택하는 것이다.

괜히 새로운 일을 벌였다가 원치 않는 상황에 휩쓸리는 게 무섭고 번거롭기 때문에, 그냥 지금 이대로 있기를 선택한다. 지금이 상황이 나에게 최선이 아님에도 불구하고, 더 나빠지는 것을 피하기 위해 아무것도 하지 않는 것을 선택한다. 물론 이것도 하나의 선택이 맞다. 당신은 무엇이든 선택할 권리가 있다. 다만 아무것도 하지 않기로 선택해놓고선 마치 자신에게는 아무 일도 벌어지지 않는다는 식으로 세상을 원망하진 말았으면 좋겠다. 이 또한 엄연한 선택이기 때문이다.

양자택일의 덫에 갇힌 마음

지금까지 말한 이유들과 어찌 보면 사뭇 상반되게 느껴질 수도 있겠지만, 마지막으로 둘 중 하나를 반드시 선택해야만 한다는 잘못된 생각 때문에 선택이 어려워지는 경우도 있다. (한마디로 이분법적 사고 때문이다.) 우리가 선택을 할 땐 항상 하나만 취하고 하나는 버려야 한다고 생각하는 게 오류일 수도 있다는 말이다.

D는 엄마로부터 둘이서 2박 3일로 국내 여행을 가자는 제안을 받았다. D는 엄마와 여행을 가면 엄마 잔소리 때문에 여행 내내 피곤할 것 같아서 가기가 싫었지만, 여행을 가지 않으면 엄마가 자신의 마음을 오해할까 봐 두려워서 싫어도 갈 수밖에 없는 딸이었다. D가 범한 오류는 무엇인가? '여행을 가지 않는다 = 엄마를 사랑하지 않는다' 라는 공식이다. 이게 정말 사실인가? 아니다. 여행을 안 가도 엄마를 계속 사랑할 수 있다. 여행을 안 간다는 것 자체가 엄마를 사랑하지 않는다는 증거일 수는 없다. 그럼에도 불구하고 양자 간의 선택에 이런 극단적인 경우의 수를 집어넣기 때문에 선택이 더욱 힘들어지는 것이다.

이처럼 극단적인 두 개의 옵션을 놓고 무얼 선택할지 고민되는 상황에서는 어떤 것을 선택하더라도 타격이 너무 크기 때문에 결정하기가 쉽지 않다. 이건 마치 죽느냐, 사느냐에 대한 결정을 내리는 것만큼 부담이 너무 커서 엄청난 에너지가 소비된다. 이런 선택은 누구라도 쉽지 않다.

선택의 기로에서 현명하게 분별하는 법

선택의 기로에 놓여 있다면 종이를 한 장 꺼내서 세로로 반을 접었다 편 다음에 왼쪽에는 내가 이걸 선택하고 싶은 이유를 쭉 쓰고, 오른쪽에는 이걸 선택하기 싫은 이유를 쭉 써보면 좋다. 안 그래도 머릿속에서 다 생각하고 있는데, 번거롭게 이걸 왜 굳이 써야 하냐고 물을지도 모르겠다. 그러나 반드시 써야 한다. 머릿속에는 너무나 여러 가지 생각들이 동시에 진행되고 있기 때문에 자신은 이 생각을 하고 있다고 생각했지만, 어느새 다른 생각에 잠식되어버린다. 따라서 생각을 머릿속에 그냥 둬서는 절대 잡을 수 없다. 그것이 바로 사람들이 선택의 이유를 잘 안다고 생각하지만, 사실은 잘 모르는 원인이기도 하다.

일단 종이에 써보면 안다. 예민한 사람은 이미 쓰는 도중에 자기가 사실은 어느 쪽을 진짜 원했는지 금방 깨닫게 되기도 한다. 양쪽 리스트의 길이가 크게 차이가 나는 경우도 있고, 한쪽의 이유가 온통 두려움으로 가득 찬 경우도 있다. 또는 사람들이 뭐라 할까 봐 머뭇거리는 것이 여실히 드러날 수도 있다. 설령 한 페이지를 다 채울 때까지 내 마음을 모르겠다 하더라도 리스트를 쓴 다음에 불필요한 생각들부터 하나씩 지워나가면 된다. 그게 바로 나의 기준, 나의 우선순위를 찾아가는 방법이기 때문이다. 내 생각들을 눈으로 보면서 가지 치듯 정리하고 선택의 가짓수를 최소한으로 줄여놓은 다음에야 비로소 진짜 고민을 할 수 있기 때문이다.

만약에 양쪽이 모두 두려움으로 가득 찬 이유들이라면 지금은 그 일을 선택해선 안 된다. 사람들은 때론 선택을 하지 않는 것도 선택이라는 사실을 잘 까먹는다. 위에서 말했던 선택을 하지 않는 경우는 귀찮은 일을 회피하기 위해서 선택하지 않는 것이었지만, 이 경우엔 올바른 이유로 선택할 수 있을 때까지 기다리기 위해서 지금 당장은 선택하지 않는 것이다.

모든 일을 무조건 그 자리에서 당장 선택해야 하는 건 아니다. 기회가 무르익고 내 마음이 확실해지기를 기다리는 선택도 얼마나 값진 것인지 모른다. 빨리 빨리 결정하라는 주위의 압박을 물리치고, 내 판단대로 결정을 유보하는 것도 엄청난 에너지가 필요하다. 단, 결정을 유보하는 내 마음 깊은 곳에 어려운 일을 일단 미루고 보자는 회피의 마음은 없는지 점검해봐야 한다. 우린 의외로 자기 자신을 속이는 데 능한 사람들이기 때문이다.

선택의 두려움에서 벗어나기

선택은 우리 안의 두려움이 가장 잘 발현되는 문제이기도 하다. 선택을 하기 위해선 두려움에도 불구하고 한 발 나아가기로 하는 결단이 필요하기 때문이다. 이때 꼭 필요한 것이 희망이다. 더 좋은 것이 있을 거라는 희망과 믿음 말이다.

나는 그것을 '삶에 대한 신뢰'라고 부르고 싶다. 하지만 삶이 나에게 우호적이지 않다고 생각하는 사람들은 보통 사람들보다 더 많은 두려움을 갖고 있다. 그들은 인생을 고해라고 생각하며, 극도로 조심하지 않으면 언제든 곧바로 수렁에 빠지거나 지뢰를 밟을 수 있다고 생각한다. 이들의 지상 목표는 최악의 경우를 면하는 것뿐이다. 그래서 선택을 하는 기준이 보통 무언가를 피하기 위한 이유들로 채워진다. 욕을 먹지 않기 위해서, 왕따가 되지 않기 위해서, 혼자 튀지 않기 위해서, 미움을 받지 않기 위해서, 남들보다 뒤지지 않기 위해서…. 이런 선택의 이유들은 다 두려움에서 비롯된 것이다. 그러면 본전도 겨우 지킬 수 있을 뿐, 그 이상의 것을 성취하기 어렵다.

지금은 없어진 대학로의 우동집에서 있었던 일이다. 굉장히 협소한 매장을 운영 중이었던 주인아저씨의 최대 두려움은 '자리가 없어서 손님을 못 받는 것'이었다. 그러다 보니 매장이 한가할 때조차도 절대로 손님들이 원하는 자리에 앉지 못하게 하고, 주인아저씨 자신이 지정해준 자리부터 꼭꼭 채워서 앉게 했다. 자리가 없을지도 모른다는 두려움 때문에 올지 안 올지도 모르는 미래의 손님을 위해 지금 자신의 매장을 찾아온 손님들을 불편하게 만든 것이었다. 나 역시 주인아저씨가 지정해준 구석 자리에 앉아 그가 불안함과 두려움에 사로잡혀 손님 한 사람, 한 사람의 자리를 예민하게 결정해주는 모습을 보며 우동을 먹는 내내 불편했다. 여긴 또 오고 싶지 않다고 생각했었는데, 아니나다를까 얼마 후 그 가게는 자취를 감추고 말았다.

내 안의 두려움은 마치 밥 솥 안의 뜨거운 수증기 같아서 그 실체가 보이지 않고 그저 뿌옇기만 하다. 긴장에 터져버릴 것만 같고, 미칠 것만 같은데도 구체적으로 뭐가 뭔지 보이지 않아 더 무섭다. 두려움은 우리를 얼어붙게 만든다. 삽시간에 시야가 좁아지면서 우리의 이성을, 감정을, 재능을, 능력을 마비시킨다. 그럴 때 하는 선택은 내 실력을 제대로 발휘할 수 없게 만들고, 방어에만 급급하게 만들어, 결국 나의 가능성을 축소시키고 만다.

두려움은 그야말로 미망이다. 안개다. 따라서 우리가 할 수만

있다면 선택의 기준이 두려움이 아니라 사랑이었으면 좋겠다. 무
언가 무서워서, 겁나서 피하려고 선택하는 것이 아니라 그것이 좋
아서, 하고 싶어서 선택하는 것이길 바란다. 사랑을 바탕으로 하
는 선택은 나를 확장시키기 때문이다.

Chapter

6

착한 사람
콤플렉스

착한 사람과
나쁜 사람의 정의

지금까지 에너지 소모가 심한 마음 활동들 - 이분법적 사고, 헛된 기대와 욕망, 완벽주의자의 통제 욕구, 사람 잡는 두려움 - 에 대해서 이야기했다. 그런데 이 모든 것들이 합쳐진 것으로도 모자라 거기에 몇 가지가 더해져 일명 '끝판왕' 같은 문제가 있다. 자신을 보호하기 위한 잘못된 방법 중 하나인 '착한 사람 콤플렉스'다.

요새는 사람들이 스스로 착한 사람 콤플렉스가 있다는 말을 쉽게 한다. 그만큼 사람들의 인식 속에 널리 퍼져 있다는 뜻이리라. 착한 사람 콤플렉스는 간단하게 말해서 '나는 늘 착해야 해!'라는 핵심 신념을 갖고 있는 것이다. 그런 신념을 갖게 된 이유야 사람마다 다 다를 수 있겠지만, 기본적으로는 '착하게 굴지 않으면 사람들이 날 싫어할 거야'라는 생각이 깔려 있는 상태다. 한마디로 '착해야 산다!'는 개념이다.

　도대체 '착하다'라는 게 뭘까? 국어사전을 찾아보니 '언행이나 마음씨가 곱고 바르고 상냥하다'라고 되어 있고, 영어사전을 찾아보니 'good, nice, good-natured, good-hearted'라고 되어 있다. 정의가 온통 '좋은' 느낌으로만 도배가 되어 있는 것 같다. 정확하지 않고 굉장히 모호한 인상을 준다. 여기에서부터 문제가 생긴다. 이 모호한 개념을 개인마다 다르게 받아들이고 다르게 정의하기 때문이다.

　어떤 사람은 '착하다'를 '선하다'의 개념으로 받아들인다. 선과 악의 이분법적 개념에서 무조건 '선' 쪽에 있는 것이 착하다고 생각하는 것이다. 그래서 사람들은 어떤 상황에서도 선을 행하기 위해 다른 사람을 도우려고 애쓰고, 어떤 상황에서도 다른 사람을 미워하지 않으려고 무던히 노력하며, 자신을 못살게 군 나쁜 사람조차도 용서하려고 애쓴다. 그게 착한 것이라고 믿기 때문이다.

　하지만 어떤 경우에도 무조건 남을 위해 봉사하고, 타인을 사랑하고, 용서하는 것이 선이며, 착한 것이라고 생각하는 것은 상당히 큰 위험성을 내포하고 있다. 무조건 '봉사, 사랑, 용서' 쪽으로만 행동하려다 보면, 부당한 대접을 받고도 화를 낼 수 없다. 또 피해를 입었어도 항상 용서하는 쪽은 자신이어야 하며, 그 사람에 대한 불만을 조금이라도 드러냈다가는 스스로가 착한 사람이 아니라는 생각에 자책을 하게 되기 때문에 상황을 잘 따져봐야 한다. 객관적으로 따져보지도 않고, 자신의 솔직한 감정은 철저하게 외면하고,

'나는 이래야 한다' 혹은 '나는 이래선 안 된다'는 원리 원칙에 갇혀서, 자신을 억지로 그 원칙에 맞추려 하면 점점 더 힘들어진다.

결국 어느 시점이 되면 자기도 모르게 착한 게 아니라 '착한 척'을 하기 시작한다. 사실은 마음속에 상대방에 대한 분노와 원망이 절절 끓고 있음에도 불구하고, 겉으로는 화나지 않은 척 부드러운 말을 건네거나 말로는 그 사람을 이해하고 용서했다고 하는 것이다. 이렇게 오래 살다 보면 분노와 불만과 원망이 가슴속에 가득 쌓여서 결국 신경증이 생기고, 신경증 상태로 오래 두면 더 큰 병이 되고 마는 것은 당연한 일이다.

칼럼니스트 정소담의 《당신에게 눈치를 선물하고 싶습니다》라는 책을 보면, 사회생활에서 쓰이는 '착하다'는 표현의 정확한 뜻은 '입맛대로 다루기 쉽다', '부당한 대우에도 잘 참는다', '화를 낼 일에도 화를 내지 않는다', '품질이나 성능에 비해 싸게 먹힌다'라고 한다. 착한 사람들은 월급이 제때 지급되지 않아도 잘 참고, 돈을 터무니없이 적게 줘도 따지지 않으며, 심지어 착하기 때문에 돈을 받지 않고 공짜로 해주는 경우도 있다. 착한 사람들은 착취를 용인하며, 불의를 더 오래 방치하고, 그래서 그 집단의 하향평준화에 기여하며, 결과적으로 선한 얼굴로 엄청난 민폐를 끼치게 된다. 이래서 '착한 사람은 바보'라는 소리가 나온 것이다. 착해야 할 때와 착해선 안 되는 때를 구분하지 못하고, 언제 어디서든 항상 착하려고만 했기 때문에 생긴 패착이다.

이렇듯 한때는 굉장히 좋은 칭찬의 말이었던 '착하다'는 말이

요즘 시대에는 어리숙하고, 바보 같고, 자기 걸 챙기지 못하는 사람이라는 뜻으로 쓰이고 있다. 그럼에도 불구하고, 여전히 '나쁘다'는 소리를 듣는 것보다 차라리 바보 같아도 좋으니 '착하다'는 소리를 듣는 편이 더 낫다고 생각하는 사람들이 있다. 어려서부터 권선징악식 교육을 받아왔기 때문에 그럴 수도 있겠고, 아니면 그저 부모님이나 선생님, 상사로부터 '착하다'는 소리를 듣는 것이 좋아서 그럴 수도 있을 것이고, 이유는 다양하다.

중요한 것은 무엇 때문에 나에게 착한 사람 콤플렉스가 생겼느냐가 아니다. 진짜 중요한 것은 이 착한 사람 콤플렉스를 내가 내 삶 속에서 조절할 수 있느냐 없느냐다. 내가 어떤 것을 원하느냐에 따라 착한 사람이 될 수도 있고, 착한 사람이 아닐 수도 있어야 한다. 만약 어떤 경우에도 착한 사람 외에 다른 사람은 될 수가 없다면, 이게 진짜 문제다. 그래서 '콤플렉스'라는 말이 붙었을 것이다. 내가 조절할 수 없을 정도로 매여서 끌려다니니까.

이런 사람들은 '나쁘다'는 소리를 듣는 것, 욕먹는 것을 죽도록 싫어한다. 그들에게 '나쁘다'는 말은 이기적이다, 자기밖에 모른다, 못됐다는 뜻과 동의어처럼 느껴진다. 자기 욕망에만 충실하고, 자기 이익만 쏙쏙 챙기고, 절대 남에게 양보하지 않는 얄미운 사람들, 더 나아가 남이야 피해를 보든 말든 나만 잘 먹고 잘살면 된다는 생각에 거침없이 사기를 치고, 남을 이용해먹고, 남을 무시하는 사람들과 다를 바 없다는 소리처럼 들리는 것이다. 그러니 이런 사람들과 동급으로 취급되는 게 끔찍하게 싫을 수밖에!

그러나 우리가 사는 세상은 선과 악, 착하고 나쁨으로 명명백백하게 나뉘어 있지 않다. 사실 대부분의 사람들은 선과 악을 구분할 때 나에게 잘해주면 선, 나에게 잘 못해주면 악이라고 생각한다. 나를 도와주는 사람은 착한 사람, 나를 도와주지 않는 사람은 나쁜 사람. 내 이익에 도움이 되면 착한 사람, 내 이익에 해가 되면 나쁜 사람. 나를 사랑해주면 좋은 사람, 나를 사랑해주지 않으면 나쁜 사람인 것이다. 그렇기 때문에 나에겐 좋은 사람인데, 다른 누군가에게 나쁜 사람일 수도 있고, 내가 보기엔 천하의 몹쓸 사람인데, 또 다른 누군가에겐 세상에서 가장 고마운 사람일 수도 있는 것이다.

'착하다', '나쁘다'는 뜻이 사람마다 굉장히 다르게, 자의적으로 해석될 수 있다는 것을 명심해야 한다. 예를 들어, 노부모가 병상에 누워 자식들에게 마지막 유언을 남기면서 "착하게 살아야 한다."고 말했다고 치자. 자식 중 누군가는 이 말을 '거짓말하거나 남을 속이지 말고 정직하게 살라'는 뜻으로 이해했고, 또 누군가는 '남은 형제들을 위해 희생하고 양보하면서 살라'는 뜻으로, 다른 누군가는 '세상에 이로운 일을 하면서 살라'는 뜻으로 여겼다.

그렇다면 이중에서 과연 누가 노부모의 뜻을 제대로 받아들인 것일까? 정답은 오직 노부모에게 직접 물어봐야만 알 수 있다. 누군가에겐 '착하다=선하다'지만, 누군가에겐 '착하다=순종적이다', '착하다=얌전하다', '착하다=순수하다', '착하다=멍청하다', '착하다=자기주장이 없다', '착하다=의존적이다', '착하다=쉽다'의 의미일 수도 있기 때문이다. 그렇기 때문에 착한 사람 콤플렉스가 있다고 생각하는 사람들은 제일 먼저 스스로 생각하는 '착하다'의 정의가 무엇인지부터 생각해볼 필요가 있다. 당신에겐 무엇이 착한 것이고, 무엇이 나쁜 것인가?

희생하고
양보하는 사람

　　착한 사람 콤플렉스가 있는 사람들의 특징은 여러 명의 친구들과 단톡방에서 다 같이 만날 약속을 잡을 때와 같은 경우에 잘 드러난다. 인원이 많으면 모두가 가능한 날짜를 잡기 어렵다. 이 날은 누가 안 되고, 저 날은 또 누가 안 되고, 이런 식으로 따져나가다 보면 누구 한 사람이 희생하지 않고서는 절대로 날을 잡을 수 없겠다는 생각이 든다. 그러다 보니 처음엔 그냥 "너는 그날 돼, 안 돼?" 정도로 묻다가도 "무슨 일인데? 그날 꼭 가야 되는 일이야?" 하는 식의 압박으로 변질되기 시작한다. 각자 자기에게 중요한 일들이 있는 법인데도, 일의 중요성을 객관적인 저울(이런 게 있을 리도 없지만)에 올려놓고, 마치 제일 변변치 않은 일이 있는 사람이 알아서 포기하라는 식의 분위기가 만들어진다.

　　그럴 때마다 제일 먼저 무너지는 사람이 바로 착한 사람 콤플렉스가 있는 사람들이다. 아무리 중요한 일이 있어도, 진짜 그날은 안 되는데도 불구하고, 나라도 희생하지 않으면 아무도 양보하지 않을 것 같은 압박에 떠밀려 또 제일 먼저 포기하고 마는 것이다. 결국 "그럼, 그냥 그날로 해. 난 괜찮아."라는 말을 내뱉는다. 그 순간 단톡방의 갑갑했던 분위기는 단번에 해소가 되고, 사람들은 기분 좋게 "그럼, 그날 만나자~!" 하면서 좋아한다. 착한 사람 콤플렉스가 있는 사람은 바로 그 순간을 좋아한다. 착한 나 덕분에 문제가 해결되고, 다른 모든 이들이 행복해지는 것 말이다.

하지만 본인은 착한 사람이 되기 위해서 자기가 내뱉은 말에 대가를 치러야 한다. 어렵사리 잡아두었던 자신의 선약을 취소하고 다시 바꾸기 위해 "미안합니다, 죄송합니다."를 수십 번 말해야 하고, 약속을 취소한 상대방에게는 빚진 심정이 되어야 한다. 아마 다음번에 만날 때는 자기가 약속을 변경했다는 죄책감으로 밥을 사거나 작은 선물까지 사야 할지도 모르겠다. 친구들을 위해 나에게 중요한 만남을 희생한 것 때문에 내 계획에 여러 가지 차질이 생기고, 수많은 변동이 초래되는 것도 다 감당해야 한다. 이쯤 되면 머리가 지끈지끈 아프다. 그러면서 가슴속에서 이런 생각이 자기도 모르게 쑥 올라온다. "왜 맨날 나만 희생해야 돼?"

착한 사람 콤플렉스를 가진 사람들은 주변인들 사이에서 어떤 불편한 분위기나 뭔가 제대로 돌아가지 않는 것 같은 느낌, 아무것도 해결되지 않을 것 같은 답답한 상황이 만들어지기 시작하면 금방 불안해진다. 남들이 언쟁하는 것도 싫고, 편안하고 화기

애애한 분위기가 깨지는 것도 싫고, 무엇보다 그런 숨 막히는 분위기가 오래 지속되는 걸 가장 견디기 힘들어한다. 그때마다 '아, 그냥 내가 양보해버릴까?' 하는 마음이 끓어오른다. 자신의 필요, 욕구, 수고보다 지금 이 상황이 더 견디기 어려운 것이다.

그런데 그 안에는 아주 미묘한 심리가 하나 숨어 있다. 바로 '일단 양보를 하더라도 나는 어떻게든 내 일을 해결할 수 있을 거야' 하는 마음이다. 어떻게 보면 대단한 자신감 혹은 오만으로 보일 정도다. 남들은 자신의 이익을 절대 포기하지 못하지만, 자신은 그럴 수 있는 사람인 것이다. 남들은 자기한테 피해가 올까 봐 아무런 행동도 취하지 못하고 망설이지만, 자신은 피해가 오더라도 감당하겠다는 용기가 있는 일종의 해결자 같은 느낌이 있는 것이다. '나만이 답보 상태에 놓인 이 상황을 풀 수 있다. 또 나여야 한다. 역시 나 외에는 할 수 없는 일이다' 같은 묘한 우월감 같은 것이 있다. 꽉 막혔던 문제가 나로 인해 어찌 됐든 해결이 되었을 때 느끼는 그 쾌감, 전능감! 그때 착한 사람 콤플렉스를 가진 사람들의 내면에선 이런 소리가 가득 울려 퍼지고 있을지도 모른다. '난 너희들과 달라. 난 너희들보다 큰사람이야. 난 양보와 희생을 할 줄 알아. 난 착한 사람이라고!'

착한 사람 콤플렉스를 가진 사람은 순간적인 우월감을 위해 막대한 희생을 치른다. 이것은 수지타산이 전혀 안 맞는 행동방식이다. 계속해서 나의 욕구를 억누르고 문제의 해결자로 사는 것에는 반드시 한계가 있기 때문이다. 착한 사람으로 살기 위해 영원히 그렇게 행동할 수는 없다. 우리는 누구나 착한 사람이기 이전에 그저 이기적인 보통 사람일 뿐이다. 불굴의 의지로 착한 사람이길 선택해서 노력할 순 있지만, 평소의 우리는 그저 남들과 똑같이 내가 편한 게 좋고, 내 뜻대로 되길 원하는 이기적이고 손해 보고 싶어 하지 않는 한 사람일 뿐이다. 착한 사람 콤플렉스에서 벗어나기 위한 의외의 힌트가 바로 이 지점에 숨어 있다. 나 자신도 남들과 똑같은 이기적인 사람이라는 사실을 인정하고 받아들이는 것이다. 자기는 절대 안 그런 '척', 숭고한 '척'하지 말고! 우리가 남들과 다를 뿐 아니라 그들보다 더 우월한 존재라고 믿고 싶은 그 마음을 내려놓아야만 이 무시무시한 콤플렉스로부터 벗어날 수 있다.

다시 단톡방에서 여러 친구들과 약속을 잡는 상황으로 돌아가 보자. 친구들이 날짜 하나를 정해 자꾸만 그날로 밀어붙이려고 한다. 그날은 나에게 정말 중요한 일이 있기 때문에 절대 안 되는 날이다. 친구들은 '무슨 일인데 그러냐', '꼭 그날 해야만 하는 일이냐' 라면서 추궁하듯이 묻기 시작한다. (이러면 당신의 마음이 약해진다는 걸 알기 때문일 수도 있다.) 하지만 그렇다고 해서 그날 나에게 무슨 일이 있으며, 누구를 만나며, 왜 그 일이 중요한지 구구절절 변명하거나 양해를 구할 필요는 없다. 이건 친구들이 모두 나의 사정을 납득해야만 하는 일이 아니다. 친구들이 이해를 하든 말든 그건 그냥 나에게 중요한 일일 뿐이다. 그러니 설명할 필요 없다. 그저 "어, 그날은 진짜 안 돼!" 이 말 한마디면 충분하다.

쉽게 결정이 나지 않으니 서로 왈가왈부하는 시간이 계속 길어질 것이고, 착한 사람 콤플렉스를 갖고 있는 사람의 마음속에서는 '이 꼴 저 꼴 보느니, 차라리 내가 양보해버릴까?' 하는 마음이 또 스멀스멀 올라올 것이다. 그때 참아야 한다. 수행을 하는 심정으로 참고 또 참아야 한다. 절대로 양보하지 않는 것이 중요하다. 다들 그렇기 때문에 양보를 못 하고 있는 것이다.

결코 누군가의 일이 다른 사람들의 일보다 객관적으로 덜 중요하지 않다. 모두 자기 입장에서 주관적으로 중요한 일이기 때문에, 아무도 그 일에 대해 중요하다, 중요하지 않다를 논할 수 없다. 그러니 버티고 있어도 된다. 아무도 양보할 기미가 보이지 않으면 어떻게 되는지 아는가? 약속을 잡지 못한다. 그러면 결국 다음에 만나자고 하게 된다.

다들 선약이 있는데 급하게 이번 달 안에 만나려고 했기 때문에 날을 못 잡은 것이다. 무조건 이번 달 안에 만나려니까 누군가의 희생이 필요한 거였다. 하지만 왜 꼭 이번 달 안에 만나야 하는가? 상황이 여의치 않으면 못 볼 수도 있는 거지. 물론 당장 만나고 싶은 욕구는 좌절이 되겠지만, 그건 각자 자신에게 더 중요한 것을 포기하지 못했기 때문에 당연히 감수해야 되는 부분이다. 고로, 착한 사람 콤플렉스를 가진 누군가가 미리 나서서 자신의 일을 포기할 필요는 전혀 없는 일이다. 꼭 그 사람이 양보하지 않아도, 일은 어떤 식으로든 풀리게 되어 있다. 다만 본인이 그 순간을 못 참고 먼저 나섰을 뿐이다.

누군가 먼저 나서서 자기가 양보하겠다고 하는데, 그걸 마다
할 사람은 없다. 하지만 누군가 먼저 양보를 했다고 해서 절대 그
걸 고마워하진 않는다. 그 사람 마음속에서 어떤 희생의 결심이
일어났는지 그따위 것은 아무도 모른다. 그냥 양보해도 될 만한
일이었나 보지, 이렇게 생각한다. 그러니까 이건 전적으로 너무도
쉽게 자신의 것을 포기해버린 착한 사람 콤플렉스를 가진 자의 책
임이다.

언제나
배려하는 사람

독서 치유 수업을 하다 보면 마음에 깊은 병을 가지고 있는 사람들의 대다수가 착한 사람들이라는 걸 알게 된다. 그들의 공통점은 자기만의 삶이 뚜렷하지 않고, '남을 사랑하고 배려한다'는 명목으로 남의 시선을 계속 의식하고, 남들에게 끌려다닌다는 것이다. 착한 사람들은 자기 성찰 능력을 이상한 데에 사용하곤 한다. 내 마음을 들여다보고 내 생각과 감정을 정확히 읽어내는 것이 자기 성찰 능력인데, 그 예민한 촉을 내 마음이 아닌, 타인의 마음을 들여다보는 데 쓴다. '저 사람이 내가 한 말 때문에 상처받진 않았을까? 내가 이런 선택을 하는 게 저 사람에게 불이익을 주면 어떡하지?' 이런 식으로 모든 신경이 남에게 집중되어 있다.

하지만 이런 식의 걱정은 아무 의미가 없다. 왜냐하면 우리는 타인의 마음을 절대로 알 수 없기 때문이다. 우리 모두는 각자의 안경을 쓰고 세상을 바라본다. 아무리 한 공간에서 같은 시간을 함께 보냈다 하더라도 그 경험을 인지하는 방식은 다 제각각이다. 예를 들어, 똑같은 강연을 들었더라도 누군가는 대단히 유익했다 하고, 누군가는 강사가 맘에 안 들었다 하고, 누군가는 지루하고 별것 없었다 하듯이 말이다. 모든 것은 상대적이다. 따라서 우리가 아무리 애를 쓴다 해도 타인의 마음은 절대로 알 수 없다. 다만, 내 기준에서 저 사람은 이렇지 않을까, 저렇지 않을까 추측만 할 뿐이다. 그러한 추측은 대부분 맞지 않는다. 그들과 나의 안경이 다르기 때문이다.

착한 사람들은 좀처럼 알 수 없는 상대방의 마음을 읽어내기 위해 엄청난 에너지를 소모한다. 모르겠으면 차라리 그냥 물어보기라도 하면 될 텐데, 묻지도 못하고 끙끙대면서 상대의 진의를 파악하기 위해 용쓴다. 그러면서 자기가 생각할 때 제일 좋은 것, 최선이라고 생각하는 것을 상대에게 제공하지만, 막상 상대의 입장에서는 별로 좋아하지 않는 것일 수도 있고, 오히려 귀찮고 부담스러운 경우가 대부분이다. 그러면 착한 사람들은 자기 정성을 상대가 알아주지 않는 것 때문에 상처를 받고 서운해하고 속상해한다.

약속이 여러 개 있어서 마음이 바쁘고, 동선이 복잡했던 겨울의 어느 날, 엄마한테서 전화가 왔다. 어디냐고, 이동하는 중이면 잠깐 집 근처에 왔다 가면 안 되냐고, 꼭 줄 게 있다고 했다. 내가 아무리 무엇 때문이냐고 물어도 대답하진 않고, 그냥 잠깐이면 된다고 하는데 어쩔 도리가 없었다. 번거롭고 짜증나고 귀찮은 마음을 억누르며 엄마를 만나러 갔다. 엄마는 활짝 웃으며 "춥지? 따뜻한 오미자차 한잔 마시고 가."라고 하셨다. 바빠 죽겠는데 그깟 오미자차 마시라고 사람을 오라 가라 하다니, 화가 머리끝까지 치솟았다. 하지만 엄마 입장에서 그것은 순도 100퍼센트 사랑의 행위였다. 딸이 추운 날 여기저기 뛰어다니는 게 안쓰러워서, 따뜻한 차 한잔 먹이고 싶은 그 애달픈 마음! 그날 결국 나는 표정 관리에 실패해서 착한 엄마 마음도 몰라주는 나쁜 딸로 욕만 먹고 끝났다. 사람의 마음은 이토록 다르다.

또 착한 사람들은 혼자서 도드라지는 것을 싫어한다. 모두와 다 같이 원만하게 지내고 싶기 때문에 내 주장이나 요구를 내세우는 것을 불편해한다. 점심시간에 회사 직원들이 다들 순대국밥을 먹으러 가자고 하면, 나는 파스타를 먹고 싶다는 소리를 차마 못하는 것이다. 자기가 그렇게 솔직하게 의사를 표현하면 자기 때문에 모든 사람이 불편해지고, 의견을 다시 조율해서 메뉴를 정하는데 더 많은 시간이 낭비되어 민폐를 끼친다고 생각한다. 그래서 제일 먼저 자기주장을 포기한다. 나 하나만 입 다물면 모두가 행복할 수 있으니 마치 고귀한 희생인 것처럼, 큰 아량을 베푸는 것처럼 생각하는 것이다. 그런데 과연 그럴까?

착한 사람들의 생각은 대부분 극단적이다. 다 같이 기분 좋게 잘 지내거나, 아니면 서로 불화해서 싸우는 두 가지 경우만 있다고 생각한다. 하지만 사실은 전혀 다르다. 그 중간에 수없이 많은 경우의 수가 존재한다. 모두가 순대국밥을 먹으러 가자고 했던 것은 특별한 의도 없이 그냥 습관적인 것일 수도 있다. 아무 생각 없이 맨날 먹던 식당으로 가자고 했다가, 누군가 오늘은 파스타 좀 먹으면 안 되냐고 하면 "아! 그럼 오랜만에 색다른 걸 좀 먹어볼까?" 하고 전개될 수도 있다. 혹은 부장님이 가자 그랬으니까 다들 먹기 싫어도 억지로 따라가고 있는 중일 수도 있다. 그때 만약 누군가 파스타를 제안하면 이때다 싶어서 너도나도 동조해서 부장님을 설득할 수도 있는 것이다. 아니면 순대국밥 먹고 싶은 사람들은 그리로 가고, 파스타 먹고 싶은 사람들은 따로 갈 수도 있다. 여차하면 다들 국밥집으로 가고 나 혼자 파스타를 먹으러 갈 수도 있어야 한다. 그렇게 한다고 해서 그날로 회사에서 쫓겨나는 것도 아니고, 그 일로 인해 회사 내에서 영원한 왕따가 되는 것도 아니다. 그저 '그렇게 되면 어쩌지?' 혹은 '그렇게 될 수도 있지 않을까?'라고 미리 두려워하는 자신의 마음이 있을 뿐이다.

착한 사람들의 더듬이는 늘 밖을 향하고 있는 덕분에 그들은 다른 사람들의 감정에 쉽게 좌지우지된다. 분명히 자기는 아침부터 컨디션도 좋고, 기분이 좋았었는데 툴툴거리는 누군가와 스치는 것만으로도 그 사람의 고약한 감정에 전염이 되어서 덩달아 기분이 안 좋아지는 일이 비일비재하다. 회사 내에서 누군가 슬픈 일을 당한 사람이 있으면 그 사람에 대해서 안쓰러워하는 마음 정도만 가져도 충분하다. 그 정도면 사람으로서 타인의 아픔에 공감해주는 능력은 충분한 것인데도 불구하고, 당사자보다 더 슬퍼할 뿐만 아니라 집에 가서도 계속 그 사람의 슬픔을 떠올리며 같이 슬퍼한다. 그리고 그게 마음이 선하고, 동정심이 많고, 착한 거라고 착각한다. 아니다. 이건 자신과 타인을 분리할 줄 모르는 거다.

착한 사람들은 타인을 배려하기 위해 자신의 욕구를 억누른다고 했다. 그런데 그 억누른 욕구 때문에 남을 더 미워하게 된다는 사실을 아는가? 예를 들어보겠다. 뷔페에 간 한 사람이 디저트 코너에서 마카롱을 발견했다. 이 사람은 마카롱을 너무너무 좋아하는 사람이다. 그래서 마음 같아서는 마카롱을 색깔별로 한 일곱 개쯤 가져와서 먹고 싶었다. 하지만 이 사람은 착한 사람이었다. 혼자서 이렇게 많이 먹으면 다른 사람들이 못 먹을 수도 있다고 생각했고, 과도한 욕심을 부리는 건 옳지 않다고 생각했다. 그래서 엄청나게 먹고 싶었음에도 불구하고, 그 욕구를 간신히 누르고 딱 세 개만 집어왔다. 그러면서 스스로 자제력도 있고, 남도 생각할 줄 아는 훌륭한 사람이라는 사실을 위안으로 삼았다. 그런데 이게 웬일인가! 같이 갔던 친구가 마카롱을 색깔별로 일곱 개를 집어오는 게 아닌가! 그러면서 하는 말, "얘들아, 이 마카롱 색깔 너무 예쁘지 않니? 맛보고 싶어서 하나씩 다 가져왔지롱!" 이후에 어떻게 됐을 것 같은가?

다 먹고 싶은 걸 겨우 참고 세 개만 가져온 착한 사람의 눈에 일곱 개를 다 가져온 친구는 이기적이고, 탐욕스럽고, 자기밖에 모를 뿐만 아니라 남에 대한 배려라곤 눈곱만치도 없는 몹쓸 인간으로 보인다. 하지만 같은 테이블에 단 음식을 싫어하는 또 다른 친구가 있다고 생각해보자. 그 친구의 눈에는 마카롱을 일곱 개 가져온 친구가 그렇게 몹쓸 인간으로 보이진 않는다. 그저 '단 거 되게 좋아하네. 나 같으면 저거 한 개만 먹어도 머리가 지끈지끈 아플 텐데. 신기하다' 정도로 생각될 뿐, 밉진 않을 수 있다. 뷔페에 가면 돈을 냈으니 자기가 먹고 싶은 만큼 먹을 수 있는 권리가 있다. 마카롱이 떨어지면, 요리부에서 다시 만들어서 내놓을 것이다. 한 사람당 먹을 수 있는 양이 미리 정해져 있다면 모를까, 일곱 개를 집어가든, 열 개를 집어가든, 그건 욕먹을 일이 아니다.

그럼에도 불구하고 착한 사람들은 자기의 생각대로 하는 것, 자신의 감정에 충실한 것을 '이기적'이라고 생각한다. 그래서 자기도 그렇게 행동하고 싶어질 때면 죄책감을 갖는다. 하지만 내가 원하는 대로 말하고 행동하는 게 왜 이기적인가? 도대체 남들을 얼마나 배려해야 착한 것인가? 착한 사람들은 자신의 욕망과 주장을 꾹꾹 억누르기 때문에, 그렇지 않은 사람들을 보면 어떻게 그토록 자유롭게 행동할 수 있는지 화가 나기도 하고, 부럽기도 하고, 밉기도 하다. 그 말은 착한 사람들 안에도 분명히 그들처럼 살고 싶은 욕구가 있다는 뜻이다. 착한 사람들은 자기 스스로 욕망을 억압해놓고선, 자기는 착하고 남들은 이기적이라고 비난한다.

'착하다'는 듣기 좋은 말 속에 자기를 가두고, 오직 착하다는 평가를 받기 위해 자신의 것을 가장 먼저 포기하는 사람들은 결국 병이 난다. 인간관계에 있어서 가장 건강한 상태는 '따로 또 같이'

가 되는 것이다. 각자의 삶이 분명하게 있고, 때로는 서로 돕기도 하는 관계가 건강한 것이다. 자기 삶은 잊은 채 오직 남을 돕기 위해 사는 관계는 건강하지 않다. 여기엔 필연적으로 '희생'이라는 개념이 끼어드는데, 거기서부터 관계의 불균형이 초래된다. 착한 사람들은 아무도 원치 않는 희생을 혼자서 자행하다가, 아무도 알아주지 않으면 피해자 코스프레를 해서 상대방에게 죄책감을 안겨주는 악순환을 반복한다. 이것은 과연 누구를 위한 '착함'인가? 착한 사람도 행복하지 않고, 착한 사람에게 일방적 배려를 받는 사람도 행복하지 않은데, 도대체 누구를, 무엇을 위한 '착함'인지 한번 깊이 생각해봐야 한다.

내가 도와줄 순 있지만,
도움은 받고 싶지 않아

착한 사람 콤플렉스를 갖고 있는 사람들의 특징 중 하나는 남은 얼마든지 잘 도와주면서도 자기가 도움을 받는 일은 극도로 꺼린다는 것이다. N은 나를 만나면 항상 자기가 밥을 사려고 했다. 오늘은 내가 밥을 사겠다고 계산대 앞에 서면 뒤따라와 몸싸움을 불사하면서까지 굳이 자기가 사겠다고 고집을 부릴 정도였다. 계산원이 들고 있는 내 카드를 빼앗고 자기 카드를 내미는 N을 보면서 나는 진심으로 의아했다. 왜 저렇게까지 해야만 하는 걸까? 어째서 N은 나에게 좋은 일을 할 기회를 누리면서, 나는 N에게 베풀 기회를 주지 않는 건지 납득이 되지 않았다. 그래서 N이 얻는 게 도대체 뭘까? 또 어떤 사람은 항상 내 일을 거들어주려고 했다. 나 대신 간식을 챙겨오고, 나 대신 만날 장소를 알아보고, 나보다 먼저 와서 답사를 하고…. 그래서 나도 그 사람을 좀 도와줘야겠다고 생각했다. 필요한 게 있으면 말해달라고 하자 한사코 손사래를 치면서 괜찮다고 했다. 그러면 나는 또 화가 났다. 그 거절에서 느껴지는 묘한 뉘앙스 때문이었다. 마치 '난 내 일 정도는 얼마든지 혼자 할 수 있지만, 넌 그렇지 않으니 내 도움이 필요해'라고 말하는 것처럼 느껴졌다.

　그런 식으로 일방적으로 도움을 받는 위치에 오래 있다 보면 상대방이 주는 도움이 부담스럽게 느껴지고, 내가 일종의 빚진 사람, 혹은 무능력한 사람인 것 같은 기분이 든다. 빚을 갚을 기회도 못 얻은 채로 계속 빚이 커지기만 하는 그런 느낌? 받은 게 너무 많아서 도저히 갚을 길이 없고, 이미 받은 게 있으니 은혜를 갚으려면 그 사람을 영원히 떠날 수도 없을 것 같다.

　또 그런 생각을 하다 보면 처음엔 분명히 고마웠는데, 시간이 지날수록 점점 더 숨이 막혀온다. 정말 이 사람이 날 위해서 그러는 건지, 아니면 자기 자신을 위해 그러는 건지 헷갈리기 시작한다. 급기야는 나를 구속하기 위해, 나를 도망가지 못하게 하기 위해, 나를 자기 것으로 만들기 위해 이러는 것 같다는 생각까지 든다. 그러면 상대방이 악마처럼 보이고, 결국 어떻게 해서든 그 손아귀에서 벗어나고 싶은 마음이 용솟음친다. 그 사람은 분노하며 나를 향해 이렇게 말할 것이다. "내가 너한테 어떻게 대했는데! 내가 너를 위해서 얼마나 많은 걸 해줬는데! 어떻게 네가 나한테 이럴 수가 있어!"

　내가 반대편 입장이 된 적도 있었다. 오래전에 나보다 여러모

로 형편이 어려운 친구를 적극적으로 도와주고 싶어 한 적이 있었
다. 그래서 잘 놀 줄 모르는 그 친구를 데리고 콘서트에도 같이 가
고, 노래방도 가고, 밥도 사주고, 공부도 같이 하고, 그 친구가 우
울에서 벗어날 수 있도록 항상 위로와 격려를 아끼지 않았다. 나
는 그 친구를 대상으로 베푸는 자의 위치를 한껏 누릴 수 있었다.
심지어 이런 생각까지 들었다. 나는 빛, 그 친구는 그림자이니 내
가 그 친구를 밝게 만들어줄 거라고.

　어느 날, 그 친구가 에리히 프롬Erich Fromm의 책을 읽고 와서는
나에게 "이 책의 내용으로 보면, 너는 자아의 두꺼운 껍질 속에 갇
혀 있는 것 같아."라고 말했을 때, 난 분노와 배신감에 몸서리를 쳤
다. '감히 (그때의 느낌은 정말로 '감히'였다.) 네가 어떻게 나한테 이
런 식으로 말할 수가 있지? 네가 어떻게 나한테 감히 지적질을 할
수 있어?' 하는 마음이 들었다. 친구의 그 말이 '감히' 나와 동급이
되려고 하는 것처럼 여겨졌고, 그걸 용납할 수 없었던 나는 결국
그 친구와 절교하고 말았다.

　오랜 시간이 지난 후에야 비로소 알게 되었다. 나는 그 친구가
나처럼 되길 바라기 때문에 돕는다고 말했으면서도 사실은 그 친
구가 늘 내 밑에 있기를, 나보다 모자란 사람으로 있기를 바랐던
것이다. 그래서 그 애가 나와 동급이 되고자 했을 때 그걸 받아들
이지 못했다. 그 일은 이후로 '나의 선의'라는 것에 대해 깊이 생각
하게 된 결정적인 계기가 되었다.

　영화 〈아티스트〉에도 이와 비슷한 상황이 나온다. 〈아티스트〉

는 무성 영화에서 유성 영화로 넘어가던 시절의 미국 할리우드를 배경으로 하는 작품이며, 2012년에 아카데미 최우수 작품상을 타기도 했다. 이 작품의 남자 주인공인 조지 발렌타인은 무성 영화 시절 최고의 스타였다. 한편 여자 주인공 페피 밀러는 조지 발렌타인을 흠모하는 무명 배우였으나, 그와 우연한 인연을 맺게 된 계기로 영화판에 들어와 유성 영화 최고의 스타로 거듭나게 된다. 한마디로 두 사람 사이에서 희비의 쌍곡선이 엇갈리게 된 것이다.

영화에서 가장 인상적이었던 부분 중 하나가 바로 페피 밀러가 남몰래 자신을 돕고 있었다는 걸 조지 발렌타인이 알게 되는 장면이었다. 페피 밀러는 조지의 집이 경매에 넘어가자, 그의 물건들을 몰래 사들여 보관하고 있었고, 그걸 조지가 우연히 보게 된 것이다. 그 순간 조지는 멘탈이 와르르 무너지면서 결국 자살 시도까지 하게 된다. 조지는 스스로에 대해서 늘 '도움을 주는 사람'이라고 생각했을 뿐, '도움을 받아야 하는 사람'이라고 생각해 본 적이 단 한 번도 없었다. 그는 대스타이며, 그런 생각으로 인해 언제나 여유롭고 너그럽고 자애로울 수 있었다. 관용을 베푸는 것은 언제나 그의 몫이었다. 그에게 있어서 도움을 준다는 것은 위치상으로 도움을 받는 사람보다 우위에 있는 것을 의미하기 때문이다. '도움'이란 상황이 나은 사람이 그보다 못한 사람에게 주는 것이라고 생각한 것이다. 고로, 내가 누군가에게 도움을 받는다는 의미는 내가 그 사람보다 못하다는 증거로 생각하게 된다.

조지에게 있어서 페피는 죽을 때까지 '나의 관용 덕에 우연히 데뷔하게 된 무명 여배우'여야 했다. 조지가 페피의 집에서 간호를 받는 순간에도 조지의 눈빛은 여전히 대스타였던 시절에 무명 여배우를 바라보던 바로 그 눈길이었다. 비록 상황은 달라졌어도 그의 내면엔 대스타의 자존심이 계속 남아 있었고, 어떻게든 페피 앞에서 그 여유를 지키려고 안간힘을 썼다. 그게 조지가 페피를 사랑할 수 있는 유일한 방법이었다.

하지만 페피는 '순수한 사랑'이라는 명목으로 계속해서 조지의 자존심에 스크래치를 내며 모욕을 주고 있었다. 조지를 남몰래 뒤에서 돕고, 자신의 좋은 집에 머물게 했다. 이 모든 것이 페피에겐 선의였겠지만, 조지에겐 페피보다 낮은 위치에 처했음을 인정하라는 강요에 지나지 않았다. 그것은 조지가 입에 총을 물고 자살을 시도하려 할 만큼 생존과 밀접하게 연결된 문제였다. 페피와는 처음부터 그런 위치로 만났고, 그럼 끝까지 그래야만 하는 것이다.

조지가 변화에 적응하지 못한 건 무성 영화에서 유성 영화로 넘어가는 시절뿐만이 아니었다. 조지는 자신의 신분이 낮아지는 것, 영향력이 줄어드는 것, 도움을 베푸는 자에서 도움을 받는 자로 위치가 바뀌는 것을 받아들이지 못했다. 그는 항상 심리적으로 남보다 우월한 위치에 있고 싶어 했다. 나는 그것의 정체를 '오만함'이라고 생각하며, 그것이 바로 착한 사람 콤플렉스를 가진 사람들의 내면에 숨어 있는 비밀이라고 느낀다.

그들은 사랑받기 위해 사랑한다. 감당할 수 없을 만큼의 선의로 끊임없이 도움과 선행을 베푼다. 그럼으로써 관계에서의 우위를 점하고, 베푸는 자의 우월감을 통해 존재감을 느끼며, 도움을 받은 자의 마음에 심리적 부담을 지움으로써 그들에게 죄책감을 심어주어서 자신을 떠날 수 없게 만든다. 그래서 착한 사람 콤플렉스는 결국 착함을 가장한 타인 조종이 될 수밖에 없다.

너무 잔인한 말이라고 생각할지도 모르겠다. 난 그저 진심으로 상대방이 잘되길 바라는 마음에서 내가 할 수 있는 최선을 다했을 뿐인데, 이런 말을 들으면 억울할 수도 있을 것이다. 그러나 과도한 친절과 선행은 스스로 의심해봐야 한다. 굳이 이렇게까지 할 필요가 없는데도, 왜 난 계속 이렇게 하는 것인지, 왜 멈출 수가 없는지 자문해봐야 한다. 거기엔 분명 이유가 있을 것이다. 내가 차마 인정하기 싫은 이유가.

이상한
죄책감

    착한 사람 콤플렉스가 있는 사람들의 또 다른 특징 중 하나는 '이상한 죄책감'을 잘 느낀다는 점이다. 원래 '죄책감'의 사전적 의미는 '저지른 잘못에 대해서 책임을 느끼는 마음'이다. 그런데 착한 사람 콤플렉스가 있는 사람들은 자신이 잘못을 저지르지 않았는데도 불구하고 죄책감을 느끼는 경우가 많다. 그래서 이상한 죄책감이라고 표현한 것이다. 내가 잘못한 것에 대해 죄책감을 느끼는 것이야 당연한 것이지만(물론 자기가 잘못을 해놓고도 죄책감을 느끼긴커녕 뻔뻔스럽게 큰소리치는 사람도 있지만), 자기는 아무 잘못도 없는데 죄책감을 느낀다면 확실히 뭔가 이상한 것이다.

    O의 친한 친구에게 힘든 일이 생겼다. O는 그 친구를 생각할 때마다 안타깝고 안쓰러워서 견디기 힘들어했다. 그럴 수 있다. 하지만 O는 자신의 친한 친구가 그렇게 힘든 상황에 처했는데, 자

기는 맛있는 것을 먹고, 다른 친구들과 어울려서 즐거워하고, 행복감을 느끼는 것에 대해 죄책감을 느낀다고 했다. 이건 뭔가 이상하다. 친한 친구끼리는 무조건 함께 힘들고 함께 즐거워야 한다는 생각을 갖고 있다면 그건 '인지 오류'다. 기본적으로 친구의 삶과 나의 삶은 별개다. 친구의 불행에 마음 아파할 순 있지만, 그 불행을 내가 함께 나눠가져야 한다는 의무 같은 건 없다.

T의 경우도 비슷한 예다. T는 동생은 아픈데, 자신만 건강한 것에 대해 늘 죄책감을 가지고 살아왔다. 가족이 아프면 신경 쓰이고, 걱정되고, 마음이 불편한 것은 당연하다. 하지만 그렇다고 해서 아픈 동생 때문에 T도 놀러 나가선 안 되고, T만 재미난 일을 해서도 안 되고, 동생이 다 나을 때까지 T도 함께 고통을 겪어야 한다고 생각하는 건 정말 이상한 일이다. T가 그런다고 해서 동생이 더 빨리 낫는 것도 아니고, 동생이 T를 미워하거나 억하심정을 갖고 있는 것도 아닌데, 왜 혼자서 죄책감을 느끼고 괴로워하는가? 설마 자신은 착하기 때문에? 그건 착한 게 아니라 이상한 거다.

앞에서도 말했지만, 착한 사람 콤플렉스가 있는 사람들은 무리에서 도드라지는 것을 싫어한다. 내가 속해 있는 집단에서 배척받는 것에 대한 두려움이 있다. 친구면 친구, 가족이면 가족, 단체면 단체 안에서 나만 혼자 튀는 생각을 가지거나 도드라지는 행동을 하거나 공통적이지 않은 감정을 가지게 되면 말 그대로 눈에 띄게 되고, 표적이 되어버릴 거라 걱정하는 것이다. '모난 돌이 정 맞는다' 같은 속담이 늘 머릿속을 맴돈다. 또한 그들은 자기만의 욕망을 품는 것 자체에 대한 죄의식을 가지고 있다. 나만을 위해 어떤 것을 욕망하는 것 자체를 '이기적'이라고 생각한다. 그리고 이기적인 것은 다 나쁜 것이라고 믿고 있다. 그러니 남들은 다 힘든데 나만 행복하거나 남들은 다 아픈데 나만 건강하거나 하면 거기서 죄책감을 느끼는 것이다.

착한 사람 콤플렉스가 있는 사람들에게는 이상한 죄책감 외에도 모든 일이 다 자기 때문이라고 생각하는 이상한 마음도 있다. 이런 사람들은 길을 가다가 앞에서 오던 사람이 갑자기 피식 웃으면, 순간적으로 '내가 뭘 잘못했나? 내 얼굴에 뭐가 묻었나? 내 몸 어디가 이상한가?'라고 생각한다. 그 사람이 자기 때문에 웃는다고 생각한다. 하지만 실제로 그 사람은 길을 가다 갑자기 뭔가 재밌는 일이 떠올라서 혼자 피식 웃었을 수도 있고, 이어폰으로 여자 친구의 이야기를 듣고 있다가 피식 미소 지었을 수도 있고, 뒤쪽에서 오는 자신의 지인을 발견하고 씨익 웃었을 수도 있다. 그런 여러 가지 경우의 수가 있는데도 불구하고 '분명히 나 때문에 웃었을 것이다!'라고 생각하는 것은 좀 이상하다.

마찬가지로 밤에 집에 들어갔더니 엄마가 기분이 안 좋은 채로 있다고 하자. 착한 사람 콤플렉스가 있는 사람들은 곧바로 '내가 뭘 잘못했나?'라고 생각한다. '내가 아직 취업을 못 해서 엄마가 기분이 안 좋은 걸 거야, 내가 방을 안 치우고 다녀서 엄마가 신경질이 난 거야, 내가 너무 늦게 와서 화가 난 거야' 등등의 갖가지 이유를 떠올린다. 하지만 엄마가 기분이 안 좋은 건 아빠랑 저녁 먹다가 말다툼을 했기 때문일 수도 있고, 오후에 동창 모임에 나갔다가 재산 자랑하는 누군가 때문에 빈정이 상해서 들어왔을 수도 있고, 장 보러 갔다가 옆집 아줌마랑 마지막 남은 부추를 서로 사겠다고 싸웠을 수도 있고, 이도 저도 아니면 그냥 몸이 피곤해서 저기압일 수도 있는 것이다. 그런데도 불구하고 '엄마는 분명히 나 때문에 기분이 나쁜 거야!'라고 생각하는 것은 많이 이상하다.

상대방이 내가 보낸 카톡을 확인하고도 아무런 답이 없을 때도 '내가 뭘 잘못했나?'라는 생각이 제일 먼저 떠오른다. 물론 당신이 말실수를 했거나 당신이 보낸 답에 기분이 상해서 그럴 가능성도 있다. 하지만 회사에서 정신없이 바쁜 와중에 카톡이 온 걸 슬쩍 보긴 했으나 미처 답을 하지 못했을 수도 있고, 나중에 답해야지 하고 있다가 깜빡 잊어버렸을 확률도 높다. 아니면 메시지를 잘못 해석해서 꼭 답을 해줄 필요는 없는 것으로 판단했을 수도 있다. 아니면 카톡으로 답하지 말고 나중에 직접 전화를 걸어야겠다고 생각해 답변을 미루고 있는 것일 수도 있고. 그럼에도 불구하고 '대꾸가 없는 건 내가 뭘 잘못해서 일지도 몰라'라고 생각하는 것은 오버다.

이런 식의 착각 중에서 제일 흔한 것이 면접에서 떨어지거나 오디션에서 탈락했을 때 '내가 능력이 없어서, 내가 절실하지 않아서, 내 성격이 별로라서, 내가 재능이 없어서, 내 외모가 별로라서'라고 생각하는 경우다. 면접은 면접관들의 개인적인 선호도에 의해 많이 좌우된다. 각 사람마다 '유능한 사원'에 대한 기준이 다르고, 또 개인적으로 좋아하는 사람의 이미지도 다 다르다.

예를 들어, 한 면접관이 얼마 전까지 함께 일했던 부하 직원 중 하나가 큰 말썽을 부려서 회사에서 쫓아냈는데, 만약 당신이 그 사람과 비슷한 분위기를 풍긴다거나 인상이 닮았다던가 한다면? 그 면접관도 사람인지라 비슷한 조건의 사람들 중에서 이왕이면 당신이 아닌 사람을 고를 수도 있는 것이다. 그럼 이게 당신의 잘못이나 능력 부족 때문인가? 절대 아니다. 또 당신보다 앞서 면접을 봤던 사람들의 결과에 영향을 받는 일도 많다. 오프라인 중고 서점에 책을 팔 때, 이미 똑같은 책의 재고가 많으면 책을 더 이상 사주지 않듯이, 당신과 비슷한 능력과 유형을 가진 사람들이 이미 많으면 당신이 선택되지 않을 수도 있는 것이다. 당신에게 능력이 없기 때문이 아니다.

오디션의 경우에도 마찬가지다. 각 작품마다 원하는 배우의 조건이 있다. 군무가 중심이 되는 작품은 키도 크고 늘씬해서 보기에 시원해 보이는 체격 조건을 원할 것이고, 성악 보컬이 중시되는 작품이라면 그런 곡을 소화해낼 수 있는 보컬 능력을 평가할 것이다. 혹은 캐릭터에 따라 이미지가 착한 배우를 원할 수도 있다. 당신이 그런 조건에 맞지 않았을 뿐이지, 당신에게 재능이 없어서가 아니다. 자신과 이미지가 전혀 다른 캐릭터에 응시했다가 떨어져놓고선, 난 재능이 없다고 하는 건 완전히 어불성설이다. 내가 누군가에게 거절당했거나 나의 작품이나 실적이 누군가에게 하찮게 여겨졌다고 해서, 그것이 반드시 나의 문제만은 아닐 수도 있다. 다른 기회, 다른 면접관, 다른 심사위원을 만나면 다른 결과가 나올 수도 있는 것이다.

그러나 이런 모든 예시에도 불구하고 '아니야, 말은 그렇게 해도 여전히 내가 원인일 확률이 제일 높아'라고 말한다면, 그땐 둘 중 하나다. 스스로에 대한 평가가 너무 야박하거나, 아니면 반대로 스스로에 대해 너무 과대평가를 하고 있거나. 그리고 이 둘은 결과적으로 똑같은 이야기다. 자기 자신을 객관적으로 이해하지 못하고 있다는 이야기니까 말이다. 나의 가치를 너무 과소평가하거나, 아니면 너무 과대평가하거나, 나는 뭘 해도 모자란 사람이라고 생각하거나, 아니면 세상이 다 나에게만 관심을 보이고 있다고 착각하거나.

마음 보충 수업

나도 다른 사람들과 똑같다

착한 사람 콤플렉스는 가장 복잡한 심리 체계의 결정판이다. 거기에다 나는 다른 사람과 다르다는 오만까지 추가된 형태라고 해도 좋다. 그렇다면 착한 사람 모드에서 벗어나 보통 사람으로 살아가려면 어떻게 해야 할까?

왜 착한 사람이 되려고 할까?

긴 이야기를 시작하기 전에 키워드만 우선적으로 나열해보자면 첫째, 착한 사람들은 내 선한 의도와 사랑을 받아주면 좋은 사람, 내 선한 의도와 사랑을 받아주지 않으면 나쁜 사람이라고 생각하는 이분법적 사고를 가지고 있다. 둘째, 착한 사람들은 내가 이렇게 잘해주면 상대방도 나에게 잘해주겠지 하는 헛된 기대와 욕망을 가지고 있다. 셋째, 착한 사람들은 남들을 위해주고 배려하는 행동을 통해 남들을 통제하려고 한다. 넷째, 착한 사람들은 타인에게 사랑받지 못하는 존재가 될까 봐 근원적인 두려움에 시달린다. 다섯째, 착한 사람들은 본인들이 다른 사람들보다 도덕적으로 선하다고 믿고 있으며, 거기에서 자신의 우월감을 만끽한다.

기대하는 마음 뒤에 숨겨진 원망

착한 사람들은 늘 자기 자신보다 남을 먼저 생각하고, 타인을 위해 자신의 몫을 쉽게 포기하고 희생한다. 그리고 자기들은 아무런 대가도 바라지 않고 오직 선의로 그렇게 한다고 생각한다. 물론 정말로 그런 사람들이 간혹 있다. 하지만 대부분의 경우, 어느 정도 시간이 지나고 나면 그렇게 사는 것에 지치게 된다. 아무리 잘해줘도 상대방은 계속 더 잘해주기만을 원하고, 나의 희생을 아주 당연한 것으로 여기고, 아무리 기다려도 자신에게 돌아오는 것은 아무것도 없을 때, 착한 사람들은 결국 이 말을 하고 만다. "네가 어떻게 나한테 이럴 수가 있어? 내가 지금까지 너한테 어떻게 했는데?" A에게 한없이 잘해주기만 하는 어떤 착한 사람 B가 있다고 치자. 착한 사람 B는 약속을 잡을 때 무조건 A의 스케줄에 맞춰준다. 분명히 자기 스케줄도 있을 텐데 "나는 아무 때나 괜찮으니 네 시간에 맞춰."라고 말한다. 한두 번도 아니고 만날 때마다 매번 이런 식이니, A는 나중엔 그냥 그러려니 하고 B에게 묻지도 않고 자기 시간에 맞춰 통보하게 된다. 착한 사람 B를 무시해서가 아니라 늘 그래왔으니까. 아무리 괜찮다고, 네 시간에 맞추자고 말해도 한사코 아니라고, 자기는 정말 괜찮다고 하니까.

하지만 착한 사람 B의 속마음도 그럴까? 착한 사람 B는 어느 순간부터 자신을 전혀 배려해주지 않고 "너도 그때 시간 괜찮지?" 하고 당연하게 자기 스케줄에 맞춰서 말하는 A가 싫어질 수도 있을 것이다. '쟨 어쩜 저렇게 자기밖에 모를까? 나도 스케줄이 있을 거라는 걸 정말 모를까? 인간이 어떻게 그럴 수가 있지? 왜 점점 더 나를 호구처럼 대하지?'라며 화가 나기 시작할 것이다. A에게 시간을 맞춰주기 위해 자신이 얼마나 많은 걸 희생하고, 포기했어야 했는지는 상상조차 못하는 A가 밉고 원망스러울 것이다.

배려를 통해 상대방을 통제하는 습관

그렇다면 착한 사람 B는 애초에 왜 그렇게 지나치게 A에게 잘해줬을까? 자신의 많은 것을 희생하면서까지 말이다. 당연히 A와 친하게 잘 지내고 싶어서였다. 그걸 좀 더 직설적인 표현으로 하면 A한테서 사랑받고 싶었기 때문이다. 그래서 잘해준 것이다. 이렇게 해주면 A도 나를 좋아해주겠지, 나를 인정해주겠지, 나에게 고마워하겠지, 하는 욕심과 기대가 분명히 있었다.

대부분의 사람들은 자신을 좋아해주는 B 같은 사람에게 매이게 된다. 나를 위해 이렇게까지 헌신적으로 대해주는 사람이 고맙고, 솔직히 그런 사람이 있으면 여러모로 편하고 도움도 많이 되고, 나쁠 게 하나도 없기 때문이다. 하지만 시간이 흐를수록 일방적으로 잘해주는 착한 사람 B의 호의는 점점 숨막히는 부담감으로 변한다. 일명, '갚을 길 없는 은혜'의 구렁텅이에 빠져들게 되는 것이다.

뭔가 좋긴 한데, 굉장히 부담스럽기도 하고, 일방적으로 받은 게 너무 많다 보니 싫어도 싫다 말을 못 하는 상황이 되는 것이다. 그러면 은혜도 모르는 사람이 될 것 같고, 착한 사람을 떠나려 한다는 죄책감에 남들한테 나쁜 사람으로 욕먹을 확률까지 추가되기 때문이다. 이게 바로 착한 사람들이 타인을 통제하는 전형적인 방식이다.

남들보다 더 나은 사람이고 싶어

착한 사람들은 자신이 착하다는 사실에 묘한 도덕적 우월감을 갖고 있다. 남을 도와줄 수 있는 넓은 아량과 여유를 가진 사람처럼 느껴지는 것이다. 착한 사람들은 '이타적'이라는 말을 정말 듣기 좋아한다. 반대로 '이기적'이라는 말을 제일 싫어한다. 그래서 항상 속으로 이렇게 생각한다. '난 자기밖에 모르고 이기적인 너희들과는 차원이 달라. 난 항상 남을 위할 줄 알고, 배려하고, 나 자신을 낮출 줄 아는, 겸손하고 이타적인 사람이라고!'

그런데 정말 아이러니한 것은 이런 착한 사람들이 '선의'라는 말로 자행하는 정말 이기적인 횡포들이다. 먹기 싫다는 반찬을 억지로 싸주고, 진짜 필요 없다고 하는데도 굳이 와서 이사를 도와주고, 조금씩 나눠서 하면 될 일을 굳이 자기 혼자 다 하겠다고 나서고, 괜찮다고 하는데도 굳이 괜찮지 않다며 벅벅 우길 때마다 이 고집불통의 사람들이 정말 착한 사람들이 맞는지 의심될 때가 많다.

어쩌면 이들은 선행을 통해 자신의 존재감을 드러내고 싶은 사람인지도 모르겠다. 오직 홀로 빛나고 싶은 사람.

그냥 보통 사람으로 살아가기

착한 사람 콤플렉스를 극복하기 위해서는 '나도 다른 사람들과 똑같다'는 점을 계속 상기해야 한다. 나도 남들과 똑같이 내 이익이 먼저고, 나한테 잘해주는 사람이 좋으며, 피해 보고 싶어 하지 않는 보통 사람일 뿐이라는 걸 늘 잊지 말아야 한다. 법륜 스님의 공식 블로그에 보면 이런 글이 나온다. "스스로 대단하다고 생각하는 사람은 남의 칭찬이나 비난에 많이 흔들리지만, 자신을 길가의 풀이라 생각하는 사람은 남이 칭찬하든 비난하든 흔들리지 않아요."

내가 특별한 사람이 아니라 그냥 보통 사람임을 받아들이는 일은 단순하면서도 어렵다. 그런 사람들에게는 "당연하지!" 게임을 추천한다. '당연하지' 게임은 두 사람이 마주 선 채 상대방이 나에게 어떤 말을 하건 간에, 무조건 "당연하지!"라고 대답해야 이긴다. 예를 들어서, "너 지난번 회의 시간에 몰래 방귀 뀌었지?"라고 말해도 "당연하지!"라고 대답해야 이기지, "야, 내가 언제 그랬어?!"라고 반응하면 지는 것이다. 한마디로 온갖 루머와 인신공격에도 발끈하거나 반박하지 않고 웃어넘길 수 있는 담력을 시험하는 게임이다.

사실 이 게임에서 이기는 방법은 너무나 간단하다. 그냥 눈 감고, 귀 막고, 뭔 소리를 하든 기계적으로 "당연하지!"라는 말만 하면 무조건 이길 수 있다. 그런데도 불구하고 사람들은 절대 그러지 못한다. 자신에 대한 말도 안 되는 발언들을 결코 그냥 넘길 수 없기 때문이다.

　착한 사람 콤플렉스에 빠져 있을 때 제일 받아들이기 힘든 말들이 뭐였을까 생각해보았다. 대표적으로 가슴 아픈 말이 세 가지 정도 있었다. "넌 이기적이야." "넌 어리석어." "넌 별로 특별하지 않아." 이 말을 거꾸로 해보면 "넌 이타적이야. 참 착해." "넌 정말 현명해." "넌 진짜 특별해." 이런 말을 가장 듣고 싶어 한다는 걸 알 수 있다. 법륜 스님이 말씀하셨던 것처럼 나를 정말 길가의 풀처럼 생각한다면 내가 듣기 싫어하는 말들에 대해서도 아무렇지 않게 "당연하지!"라고 말할 수 있을 것이다.

　자꾸만 착한 사람이 되고 싶은 마음 때문에 힘들어질 때면 자신에게 이렇게 말해보자. "나는 남들보다 월등히 착한 사람이 아니라 그냥 남들과 똑같은 보통 사람이다!"

Epilogue
"자존감을 채워드립니다"

나를 번아웃에 이르게 했던 여러 복잡한 문제들을 짚어보고, 또 마음 보충 수업을 진행하면서 참으로 다양한 관계, 다양한 감정, 다양한 대처 방법 등을 경험해볼 수 있었다. 그 수많은 이야기를 통해 구체적인 고통의 종류는 다 달라도, 모든 고통의 밑바탕에는 '자존감'의 유무, 즉 스스로를 가치 있고 소중한 존재로 여길 수 있느냐 없느냐가 제일 중요한 문제라는 걸 알 수 있었다. 그러다 보니 도대체 어떻게 해야 그 자존감을 확보할 수 있는지가 가장 큰 고민이었다.

이 자존감이란 것이 자기 자신을 사랑하는 것, 자기 자신을 소중히 여기는 것과 관련이 있다 보니, 주변에서 가장 흔하게 듣는 말이 "너는 세상에 하나뿐인 존재다." "너는 사랑받기 위해 태어났다." 같은 말들인데, 내겐 딱히 와닿지 않았다. 솔직히 '그래, 난 우주에 하나뿐인 존재야, 그래서 뭐 어쩌라고?'라고 생각할 뿐이었다. 그럼에도 불구하고 자존감 때문에 많은 문제가 유발되기도 하고 또 해결되기도 한다는 것을 알았기 때문에 관심을 가질 수밖에 없었다.

그런데 어느 날, 독서 치유 수업을 하는 과정에서 이런 말이 툭 튀어나왔다. "제가 진짜로 읽고 싶어 하는 책은 이 책이 아니라 세상에 하나뿐인 살아 있는 책, 바로 당신입니다." 이 말을 꺼내는 순간 사람들이 모두 살아 있는 책, 우주에 하나뿐인 유일한 책이라는 생각이 들면서 자연스럽게 우주 도서관의 모습을 상상하게 되었다. 그래서 나라는 존재가 어떤 의미인지에 대해서 설명할 때 늘 이 예시를 들어주곤 한다.

우주 도서관이 있었다. 이 우주 도서관에는 수천 억 권이 넘는 책들이 있다. 놀랍게도 그 책들 중에 똑같은 책은 단 한 권도 없었다. 그러다 보니 도서관장의 입장에서는 한 권, 한 권이 절대 잃어버려서는 안 되는 소중하기 이를 데 없는 책들이었다. 그런데 어떤 작은 책 한 권은 도서관의 수많은 책들을 둘러보면서 자주 한숨을 쉬었다. 스스로 너무나 볼품이 없다고 생각하고 있었기 때문이다. 다른 책들은 유명한 디자이너가 만든 화려한 표지가 단단하게 둘러져 있지만, 자신은 표지 디자인도 촌스럽고, 종이 재질도 싼 종이를 썼는지 쉽게 손때가 타고 얼룩이 지곤 했다.

하지만 볼품없는 겉모습보다 더 속상한 것은 따로 있었으니

바로 책의 내용이었다. 다른 책들은 거대한 역사 이야기, 또는 우주에 관한 수준 높은 지식을 담고 있거나 유려한 문체로 쓰인 아름다운 사랑 이야기들이 적혀 있었다. 반면에 자신의 책 내용은 온통 우울하고, 고통스럽고, 짜증나는 이야기들뿐이었다. 그래서 작은 책은 이런 우울한 내용을 도대체 누가 읽고 싶어 할까 하는 생각을 자주 했다.

작은 책은 몸을 조금씩 앞으로 움직여 책장에서 자신의 몸을 빼냈다. 거대한 도서관에 가득 차 있는 수천 억 권의 멋지고 훌륭한 아름다운 책들의 모습을 바라보며 자기 같은 한심하고 쓸모없는 책은 차라리 없는 편이 나을 거라고 생각했다. 그러곤 눈을 감고 바닥으로 몸을 던졌다. 바닥에 떨어진 작은 책은 다시 꿈틀꿈틀 이동해서 책장 아래 바닥과 맞닿은 틈 사이로 몸을 숨겼다. 아무도 자신의 존재를 찾지 못하도록.

그 순간 우주 도서관에 비상벨이 울리면서 도서관장이 헐레벌떡 뛰어왔다. 도서관에 하나뿐인 귀한 책이 사라졌기 때문이다. 도서관장은 반쯤 미친 듯한 모습으로 여기저기를 샅샅이 뒤지기 시작했다. 그가 말했다. "안 돼! 그 책은 이 우주 전체에 단 하나뿐인 소중한 책이란 말이야! 그 책엔 아무도 모르는 단 하나의 이야기가 담겨 있어. 그 이야기가 사라진다는 건 우주적 재앙이자 우주적 대 손실이야! 반드시 찾아야 해!"

그렇다. 당신의 존재가 바로 그렇다. 반드시 찾아야만 하는, 우주에서 유일한 이야기를 담고 있는, 너무나 소중한 살아 있는 책. 그게 바로 당신이다. 당신은 이 이야기를 진심으로 믿어야만 한다. 당신의 외모가 예쁘든 별로든 상관없다. 당신의 살아온 이야기가 멋지든 아니든 상관없다. 당신이 뭘 잘하든 못하든 그것도 아무 상관없다. 당신이 아무것도 하지 않고 그대로 있어도, 그냥 숨만 쉬며 살아가더라도 이미 이 세상에 하나뿐인 이야기를 만들어가고 있는 살아 있는 책이다. 그냥 그 자체로 너무나 귀하다. 당신이 이 사실을 절대 잊지 않았으면 좋겠다.

당신은 우주에 하나뿐인 유일한 이야기를 만들어가고 있는 살아 있는 책으로서 귀한 이야기를 다른 생명체들과 공유해야 하는 우주적 의무를 지니고 있다. 자기만 갖고 있는 능력과 경험으로 자기만의 이야기를 하는 것, 그게 바로 우주적 의무다. 당신은 자신의 삶이 가치 없는 고생담일 뿐이라고 생각할지 모르지만, 바로 그 이야기가 누군가에겐 세상 그 어떤 위로보다 크게 와닿을지도 모른다. 당신은 자신의 삶이 부끄러운 실패로 점철된 보잘것없는 이야기일 뿐이라고 생각할지 모르지만, 바로 그 이야기가 누군가에겐 돈 주고도 못 사는 가장 귀한 이야기이고 멋진 아이디어가 되어줄 수도 있는 것이다.

우리의 존재는 어떠한 기준으로도 평가받을 수 없으며 그 누구에게도 입증할 필요가 없다. 당신이 태어나는 순간, 당신은 이미 우주 도서관에 단 한 권뿐인 유일한 책으로서 등록을 마쳤다. 생명을 받은 그 순간부터 당신은 이미 소중한 존재였다. 그 이후에 생겨난 일들은 그저 당신의 책에 적히고 있는 독특한 이야기일 뿐이다. 인생은 성공과 실패로 판가름되는 시험장이 아니라 내가 만들어가는 하나의 이야기다. 우여곡절은 재미있는 이야기의 필수조건일 뿐이다. 자존감을 회복하고 싶은가? 그렇다면 내가 우주에 하나뿐인 책이라는 걸 진심으로 믿어라. 그 사실을 진짜 믿는 걸로 자존감 문제는 끝이 난다.

감사의 글

이 책을 쓰면서 가장 긴장됐던 순간을 꼽으라면 내 삶의 가장 큰 이슈였던 부모님에 대한 글을 써서 부모님 앞에서 읽어드리던 때였습니다. 책이 나오기 전에 혹시라도 부모님 맘에 들지 않는 부분이나 사실과 다른 부분은 없는지, 또 책에 쓰지 말았으면 하는 내용은 없는지 미리 점검 받기 위해서였지요. 하지만 그 글을 읽는 동안 알게 되었습니다. 사실 저는 부모님께 그동안 내가 얼마나 힘들었는지를 알려드리고 싶었다는 것을. 나의 고통을 최대한 낱낱이 전달하는 것이 부모님께 상처가 될 것을 알면서도, 그저 어린아이처럼 떼를 쓰며 "난 정말 이렇게까지 힘들었단 말이에요!" 하고 징징거리고 싶었다는 것을요.

부모님께서는 그 모든 이야길 듣는 것이 매우 힘들었을 텐데도 불구하고, 묵묵히 끝까지 들어주셨습니다. 비록 부모님의 의도

나 생각과 달리 내가 오해한 부분들이 많고, 또 지나치게 과장된
면 때문에 억울한 점도 분명 있었겠지요. 그럼에도 불구하고 "네
가 그렇게 받아들였다면 그런 것이겠지." 하고 이해해주셨습니다.
그리고 "그 이야기가 네 책에 꼭 필요하다면 쓰라."고 허락까지 해
주셨지요. 그러곤 두 분께서 서로의 손을 꼭 잡으시면서 "여보, 우
리도 억울하니까 책을 씁시다."라고 하시는데, 그 순간 웃음이 빵
터지면서 정말 신기하게도 그동안 상처받았던 마음이 스르륵 녹
아내리는 것을 느낄 수 있었습니다.

　"고맙습니다. 아버지, 그리고 어머니. 몸도 마음도 약한 데다
오랜 시간 동안 제 길도 못 찾고 정신없이 헤매는 딸을 끝까지 포
기하지 않고 기다려주셔서 감사합니다. 제가 다시 정신 차릴 수
있었던 건, 언제나 돌아올 수 있는 곳이 되어주셨던 두 분 덕분이
었습니다. 앞으로 두고두고 사랑으로 보답하겠습니다."

　내 길을 찾지 못하고 방황하던 그 오랜 기간 동안, 부모님 외
에도 줄곧 곁에서 '넌 할 수 있을 것이다. 넌 잘될 것이다'라고 응
원해주시고, 물심양면으로 도와주신 많은 분들이 있습니다. 나의
사랑하는 동생과 올케, 조카들, 그리고 어린 시절부터 쭉 지켜봐
주신 친척 어른들과 사촌들, 초등학교 동창 송호, 중학교 동창 수
희, 이화외고 1기 영어과 동창들, 대학원 친구 나경이와 지예 언
니, 강사 시절 친구 주연이, 그리고 이름을 일일이 다 말할 순 없지
만 그 힘들었던 시간을 저와 함께 통과해준 모든 친구들, 정말 고
맙습니다.

무엇보다도 제가 번아웃에서 회복되어 다시 새로운 삶을 시작하는 데 결정적인 도움을 주셨던 세 분의 스승님들께 특별히 감사를 드리고 싶습니다. '나를 위한 글쓰기'로 저를 다시 일으켜주신 이문재 선생님, 몸과 영혼의 건강을 회복하는 법을 알려주신 송명희 선생님, 그리고 저에게 독서 치유를 가르쳐주신 김영아 교수님께 진심으로 감사드립니다.

꾸준한 글쓰기의 시작을 함께 해주었던 구인회 멤버들, 책을 쓰고 싶다는 저의 막연한 소망을 아주 구체적인 현실로 옮길 수 있도록 그 첫발을 도와주신 메노키오 유상원 선생님과 바틀비랩 1, 2기 동기들, 그리고 실제로 100일 동안 원고를 써나갈 수 있도록 함께 힘이 되어준 '숭례문학당 100일 온라인 책쓰기' 류경희 선생님과 3기 동기들, 이 책을 쓸 수 있는 원천이 되어주었던 '내맘빛' 1~7기 수강생 여러분과 마음 보충 수업을 신청해준 64명의 제자들, '나를 비춰보다' 시리즈 수강생들, 그리고 마음 보충 수업을 위한 수제 책갈피를 제작해준 폰테 유안나 대표. 여러분들이 안 계셨다면, 저는 지금도 언젠가 책 한 권 내면 좋겠다고 막연히 꿈만 꾸는 그런 사람으로 남아 있었을지도 모릅니다. 이 모든 일을 실현할 수 있도록 도와주셔서 감사합니다.

책을 쓰는 내내 수없이 많은 자책에 시달렸습니다. 내가 정말 책을 낼 자격이 되나 계속 묻고 또 물었습니다. 자신감이 없어지고 기가 죽어 도저히 못 할 것 같다는 생각이 들 때마다 '책이 나오면 제일 먼저 사겠다', '여기 기다리는 사람 한 명 추가요', 이렇게 말씀해주시면서 용기를 북돋아주셨던 분들이 많이 있습니다. 빛살림 회원분들, 한겨레 독서 치유 지도사 7, 8, 9, 10, 11기 선생님들, 한겨레 그림책 심리 지도사 1, 2, 3, 4기 선생님들, 그림책 세계에서 만난 많은 선생님들, 작가님들, 그리고 페이스북과 인스타그램 친구들, 블로그 이웃들, 브런치 구독자님들께 그때 너무나 감사했다고 꼭 인사 전하고 싶습니다. 또 제가 아플 때마다 주치의 역할을 해주신 청암 선생님과 배혜은 약사님께도 특별히 감사드립니다.

마지막으로 제 원고를 선택해준 양춘미 에디터님, 잘 정리된 책으로 만들어준 이새봄 에디터님, 멋진 프로필 사진을 찍어준 나의 제자 서윤우, 그리고 이 책을 출판해주신 청림출판 관계자분들께 깊은 감사를 전합니다. 모두들 정말 고맙습니다. 사랑합니다!

마음이 하찮니

1판 1쇄 발행	2020년 1월 8일
1판 3쇄 발행	2021년 12월 17일

지은이	조민영
펴낸이	고병욱

책임편집 이새봄 **기획편집** 이미현 김지수
마케팅 이일권 김윤성 김도연 김재욱 이애주 오정민
디자인 공희 진미나 백은주 **외서기획** 이슬
제작 김기창 **관리** 주동은 조재언 **총무** 문준기 노재경 송민진

펴낸곳	청림출판(주)
등록	제1989-000026호

본사	06048 서울시 강남구 도산대로38길 11청림출판(주) (논현동 63)
제2사옥	10881 경기도 파주시 회동길 173 청림아트스페이스 (문발동 518-6)
전화	02-546-4341 **팩스** 02-546-8053
홈페이지	www.chungrim.com
이메일	life@chungrim.com
블로그	blog.naver.com/chungrimlife
페이스북	www.facebook.com/chungrimlife

교정교열 김승규

© 조민영, 2019

ISBN	979-11-88700-58-5 (03180)